Adam J. Jackson
DIE ZEHN GEHEIMNISSE
DES GLÜCKS

Aus dem Englischen von
Inge Holm

Droemer

Von Adam J. Jackson ist außerdem erschienen:
Die zehn Geheimnisse der Liebe (Band 27029)

Dieses Buch wurde auf chlor- und säurefreiem Papier gedruckt.

Deutsche Erstausgabe September 1997
© 1997 für die deutschsprachige Ausgabe
Droemersche Verlagsanstalt Th. Knaur Nachf., München
Das Werk einschließlich aller seiner Teile ist urheberrechtlich geschützt.
Jede Verwertung außerhalb der engen Grenzen des Urheberrechtsgesetzes ist
ohne Zustimmung des Verlages unzulässig und strafbar.
Das gilt insbesondere für Vervielfältigungen, Übersetzungen, Mikroverfilmungen
und die Einspeicherung und Verarbeitung in elektronischen Systemen.
Titel der Originalausgabe: »The Secrets of Abundant Happiness«
Copyright © 1995 by Adam J. Jackson
Originalverlag: Thorsons; HarperCollins
Einbandgestaltung: Agentur ZERO, München
Satz: Ventura Publisher im Verlag
Druck und Bindung: Franz Spiegel Buch GmbH, Ulm
Printed in Germany
ISBN 3-426-27040-4

8   10   9

Meiner Frau Karen
sowie meinen Kindern Sophie und Samuel
in immerwährender Liebe gewidmet

INHALT

DANKSAGUNGEN

ICH MÖCHTE ALL jenen Menschen danken, die mir bei meiner Arbeit und beim Schreiben dieses Buches halfen.

Mein besonderer Dank gilt: meiner Literaturagentin Sara Menguc und ihrer Assistentin Georgia Glover für die Mühe und Arbeit, die sie um meinetwillen auf sich nahmen;
allen bei Thorsons Beschäftigten, besonders Erica Smith für ihre Begeisterung und ihre schöpferischen Kommentare, mit denen sie die gesamte Niederschrift dieses Buches begleitete, und Fiona Brown, die das Manuskript redigierte;
meiner Mutter, die mich stets zum Schreiben ermutigte und mir eine ständige Quelle der Inspiration und Liebe ist;
meinem Vater für seine Unterstützung und Unterweisung sowie meiner Familie und meinen Freunden für ihre Liebe;

schließlich Karen, meiner Frau, meiner besten Freundin, und meiner objektivsten Lektorin. Mir fehlen die Worte, um meine Liebe zu jenem Menschen zu beschreiben, der stets Vertrauen in mich hatte und an meine Arbeit glaubte.

EINFÜHRUNG

> Du durchstreifst die Welt auf der Suche nach
> dem Glück, das sich in Reichweite aller Men-
> schen befindet.
>
> *Horaz*

DIE MEISTEN MENSCHEN werden auf die Frage, wonach sie sich
am meisten sehnen, antworten: »Ich möchte einfach nur
glücklich sein.« Warum sind dann so wenige von uns glücklich? Warum gehören dann Antidepressiva zu einer der
größten Wachstumsbranchen der Pharmaindustrie? Und warum ist die Zahl jener, die sich als glücklich bezeichnen, so
klein? Kann es sein, daß wir am falschen Ort nach dem Glück
gesucht haben?
Meiner Meinung nach hat jeder von uns die Macht, glücklich
zu sein. Ganz gleich, wieviel er verdient, welchen Job er hat,
wo er lebt. In welcher Situation Sie sich im Augenblick auch
befinden mögen – Sie können nicht nur glücklich sein, Sie
können unerschöpfliches Glück erfahren.

Glück heißt nicht nur, frei von Depression und Schmerz zu sein. Glück bedeutet, sich über das Leben zu freuen, zu staunen, zufrieden zu sein. Das soll nicht heißen, daß ein Zustand der beständigen Ekstase möglich oder auch nur wünschenswert wäre. Es kommt einmal die Zeit der persönlichen Tragödien und Verluste, die natürlicherweise in Traurigkeit, Kummer und Enttäuschung münden. Aber es gibt Methoden, die uns helfen, diese Erfahrungen zu meistern, und oft können wir die Krisen in einen Sieg verwandeln.

Anders als gemeinhin in Parabeln üblich basieren die Gestalten in diesem Buch auf lebenden Menschen (außer dem alten Chinesen, der eine Mischung aus verschiedenen mir bekannten, weisen alten Männern und Frauen darstellt), deren Namen und Lebensumstände ich natürlich geändert habe. Eines ist ihnen gemein: Sie alle haben über ihre persönlichen Krisen gesiegt und ihr Glück gefunden. Ich hoffe, daß die nachfolgenden Geschichten Sie erbauen und anregen werden, dem Beispiel dieser Männer und Frauen zu folgen, damit auch Sie den Segnungen des Glücks teilhaftig werden.

Adam Jackson
Herfordshire, März 1995

DER AUTOFAHRER

ES BEGANN AN einem kalten und nassen Oktoberabend um
20.00 Uhr. Zum dritten Mal in dieser Woche hatte er länger
im Büro bleiben müssen. Es war den ganzen Tag bewölkt gewesen, und gerade, als der junge Mann sich anschickte, nach
Hause zu fahren, öffnete der Himmel seine Schleusen, und
es begann in Strömen zu regnen. Eine im Autoradio gestellte
Frage riß ihn aus seinen Gedanken. Eine sehr einfache Frage,
die sich der junge Mann noch nie bewußt gestellt hatte — und
die Antworten, die er darauf geben mußte, beunruhigten
ihn.
Die Frage war durch eine nationale Umfrage angeregt worden, bei der sich herausgestellt hatte, daß nur jeder fünfzigste
Befragte sich als glücklich oder zufrieden bezeichnete, und
weniger als jeder zehnte sich an eine Zeit oder auch nur an
einen Augenblick erinnern konnte, da er wirklich glücklich
gewesen war. Es war eine einfache, direkte Frage, die der
Radiosprecher seinen Zuhörern stellte: »Sind Sie glücklich?«

Die Frage veranlaßte den jungen Mann, über sein Leben nachzudenken. Er litt keinen Mangel: Er war relativ gesund, hatte einen guten Job, und es war ihm stets gelungen, die Rechnungen zu bezahlen und ein wenig Geld für kleinere Genüsse beiseite zu legen. Er hatte eine Reihe guter Freunde und eine liebevolle Familie. Und doch fühlte er sich innerlich leer und vom Leben enttäuscht. Etwas fehlte. Er wußte nicht was, nur, daß er es vermißte. Er hätte sein Leben mit vielen Worten beschreiben können, aber »glücklich« gehörte zweifellos nicht dazu.

Thoreau sagte einmal: »Die meisten Menschen führen ihr Leben in stummer Verzweiflung.« Dem jungen Mann kam dieser Satz wie eine Beschreibung seines Lebens vor. Jeder Tag schien in einen Kampf auszuarten, ein Tag war wie der andere, mit den gleichen oder ähnlichen Enttäuschungen, den gleichen Belastungen. Der junge Mann wurde das Gefühl nicht los, daß sein Leben sich in einen endlosen, monotonen Kreislauf verwandelt hatte. Was war mit all seinen kindlichen Hoffnungen und Träumen geschehen? Wo waren die Leidenschaften und die Freude, die er als Kind empfunden hatte? Wann hatten sich Hoffnungen und Träume, Leidenschaft und Freude in Kampf verwandelt?

Der junge Mann hatte irgendwo gelesen, daß einige religiöse Philosophien lehrten, Leben bedeute Kampf. Ein Gedanke, den er nicht akzeptieren konnte. »Das kann doch nicht alles sein!?« sagte er sich. Der junge Mann war verwirrt; er hatte das Gefühl, sich in einem riesigen Labyrinth verirrt zu haben. Er wußte nicht mehr, wie er dort hineingeraten war, und hatte keine Ahnung, wie er hinausfinden sollte.

Da wurde er erneut aus seinen Gedanken gerissen; diesmal durch den Dampf, der unter der Kühlerhaube hervorquoll.

»Verdammt! Irgendwas passiert immer«, murmelte er, während er den Wagen an den Rand der Landstraße fuhr. Er stieg aus und öffnete die Kühlerhaube, um einen Blick auf den Motor zu werfen, wobei ihm heißer Dampf entgegenschlug und ihn taumeln ließ.

Er hielt sich die Jacke über den Kopf, um sich vor Wind und Regen zu schützen, und marschierte anderthalb Kilometer weit am Straßenrand entlang, bis er ein Telefon fand, von dem aus er den Pannennotdienst anrief. Der Mann am anderen Ende der Leitung erklärte, der Pannenhelfer sei in ungefähr einer Stunde bei ihm. Dem jungen Mann blieb nichts anderes zu tun übrig, als zu seinem Wagen zurückzugehen und zu warten.

Eine Frage ging ihm durch den Kopf; eine Frage, die ihn nicht mehr losließ: »Was soll das alles? Was hat es für einen Sinn?«

Natürlich bekam der junge Mann keine Antwort. Er hatte

auch keine erwartet. Er hörte nur die Geräusche der vorbei-
fahrenden Wagen.

Und so wanderte der junge Mann frierend, müde und mißge-
launt zu seinem Wagen zurück. Er wußte nicht, daß die Panne
für ihn den Beginn einer tiefgehenden Veränderung darstell-
te. Hätte er gewußt, was ihn erwartete, würde er im Wissen
um das Glück zweifellos gelächelt haben –wie er in späteren
Jahren offen zugab.

DAS TREFFEN

ALS DER JUNGE Mann näherkam, sah er einen Mann an seinem Wagen lehnen, einen seltsam aussehenden Mann. Es war ein alter Chinese in einem weißen Overall und mit einer leuchtend gelben Baseball-Kappe auf dem Kopf. Er war klein, hatte ein freundliches Gesicht voll tiefer Runzeln und langes, weißes Haar. Doch am eindrucksvollsten waren seine Augen, tiefbraune, freundliche Augen.

Der alte Mann begrüßte den jungen Mann mit einem Lächeln. »Ein herrliches Unwetter, finden Sie nicht?« sagte er.

»Kalt, naß und erbärmlich – wenn Sie mich fragen«, murmelte der junge Mann.

Aber der alte Mann ließ sich durch die Bemerkung nicht irritieren, sondern fuhr fort: »Spüren Sie die Energie? Können Sie die Frische riechen? Ein herrliches Gefühl, finden Sie nicht?«

Eigentlich nicht, dachte der junge Mann, sagte aber nichts. Er schaute sich den alten Mann genauer an. Der Sturm hatte sich erst kurz, nachdem er bei seinem Wagen eingetroffen war, gelegt. Es nieselte immer noch, aber die Kleidung des alten Chinesen war trocken. Er hatte nicht einen einzigen Regentropfen abbekommen.

Bevor der junge Mann etwas sagen konnte, fragte der alte Mann: »Wo ist das Problem?«

»Warum fragen Sie? Man sagte mir, der Pannenhelfer käme in ungefähr einer Stunde«, erwiderte der junge Mann.

»Nun, das Leben steckt voller Überraschungen«, erwiderte der alte Mann mit einem breiten Grinsen. »Also, wo ist der Defekt?«

»Ich weiß es nicht genau«, erklärte der junge Mann. »Als ich fuhr, quoll plötzlich Dampf unter der Kühlerhaube hervor, und der Motor gab seinen Geist auf.«

»Okay, dann wollen wir uns die Sache mal anschauen«, sagte der alte Mann, krempelte die Ärmel hoch und überprüfte den Motor.

Augenblicke später blickte er auf und erklärte dem jungen Mann: »Sie brauchen nicht so besorgt dreinzuschauen. Es ist nichts, das sich nicht reparieren ließe.«

»Gott sei Dank.« Der junge Mann atmete erleichtert auf.

»Es könnte Sie einige Tausend Pfund kosten … aber es läßt sich reparieren!« fuhr der alte Chinese fort.

»O nein. Sie machen Witze, oder?« rief der junge Mann.

Der alte Mann klopfte dem jungen auf die Schulter und lachte: »Natürlich!«

Der alte Chinese drehte sich um, nahm einen Schraubenschlüssel in die Hand und zögerte unmerklich, als er dem Blick des jungen Mannes begegnete. Dann wandte er sich wieder dem Motor zu. »Es muß nicht eintreffen.«

»Was?«

»Was immer Sie quälen mag.«

»Mich quält nichts«, sagte der junge Mann.

»Ah … verstehe. Dann ist ja alles in Ordnung.« Er nahm einen Schraubenzieher und machte sich wieder an die Arbeit, während er ein Lied pfiff.

»Klingt, als hätten Sie einen guten Tag gehabt«, sagte der junge Mann.

»Stimmt«, erklärte der alte Chinese. »In meinem Alter ist jeder Tag, an dem man noch nicht unter der Erde liegt, ein guter Tag!« Der Alte schaute dem jungen Mann ins Gesicht.

»Meiner Meinung nach ist das Leben einfach viel zu kurz und viel zu kostbar zum Unglücklichsein. Wissen Sie, daß das Durchschnittsalter des Menschen 76 Jahre beträgt? Das sind nur 3952 Wochen! Und davon verschlafen wir 1317 Wochen. Also bleiben uns nur 2635 Wochen oder 63240 Stunden zum Leben!

Wie alt sind Sie?« fragte der alte Mann plötzlich.

»Dreiunddreißig.«

»Das bedeutet, Sie haben nur noch rund 1491 Wochen zu leben – falls Sie in den Genuß kommen sollten, das Durchschnittsalter zu erreichen!«

»Welch erfreulicher Gedanke!« sagte der junge Mann in sarkastischem Ton.

»Er zeigt Ihnen nur, wie kostbar das Leben ist, zu kostbar, um unglücklich zu sein. Das Leben will gelebt werden. Jeder Tag sollte von Freude, nicht von Kampf erfüllt sein – so, als schlendere man an einem sonnigen Tag über eine Wiese, nicht, als kämpfe man Tag für Tag gegen einen immerwährenden Sturm.«

Der junge Mann spürte, wie ihm ein Schauer über den Rücken lief. Seine Nackenhaare stellten sich auf. Woher wußte der alte Mann, wie er sich fühlte? Er versuchte es als puren Zufall abzutun, schließlich konnte der alte Chinese unmöglich in der Lage sein, Gedanken zu lesen.

»Es überrascht mich stets von neuem, wie viele Menschen sich dafür entscheiden, unglücklich zu sein«, erklärte der alte Mann, bevor er sich wieder dem Motor zuwandte.

Der junge Mann lehnte sich an den Wagen.

»Wie bitte?« fragte er. »Sie entscheiden sich doch nicht dafür, unglücklich zu sein. Es hängt von den Umständen ab, ob sie glücklich oder unglücklich sind.«

»Vielleicht haben Sie recht. Aber wenn das Glück einzig durch die Umstände entschieden wird, wie kommt es dann, daß ein anderer die gleichen Tragödien oder Freuden erleben kann und völlig anders darauf reagiert? Ich kannte zwei Männer, die beide bei demselben Verkehrsunfall verletzt wurden. Der eine fiel in eine tiefe Depression, der andere war bemerkenswert fröhlich.«

»Und weshalb reagierten sie so verschieden?« fragte der junge Mann.

»Der deprimierte Mann war verbittert. Er fragte sich immer wieder: ›Warum gerade ich?‹ Der fröhliche sagte: ›Gott sei Dank, ich lebe noch!‹ Es ist wie in dem Gedicht: Zwei Männer schauen durch ein vergittertes Fenster in die Ferne, der eine sieht Schmutz, der andere Sterne.

Ich glaube nicht, daß Ihren Lebensumständen, wie auch immer sie aussehen mögen, die Macht innewohnt, Sie glücklich oder unglücklich zu machen«, erklärte der alte Mann. »Einzig Ihre Einstellung zu diesen Umständen entscheidet darüber, wie Sie sich fühlen. Wer ist Ihrer Meinung nach glücklicher – der Mann, der seinen Becher als halbvoll betrachtet, oder der, der ihn als halbleer ansieht?

Ah – gefunden. Könnten Sie mir bitte den Schraubenschlüssel geben?« bat der alte Chinese.

»Hier, bitte sehr. Aber es ist doch zweifellos so, daß etwas Sie entweder glücklich macht oder nicht, oder?« fragte der junge Mann.

Der Alte legte den Schraubenzieher beiseite, drehte sich um, lehnte sich an den Wagen und schaute dem Jungen direkt in die Augen. »Und was würde Sie glücklich machen?«

Der junge Mann dachte einen Augenblick nach. »Ich weiß nicht. Ich denke, mehr Geld könnte für den Anfang nicht schaden.«

Der alte Chinese nahm ein weiteres Werkzeug aus seiner Werkzeugkiste. »Glauben Sie wirklich, daß Geld glücklich macht?« fragte er.

»Ich weiß es nicht; aber wenigstens kann man mit Geld sorgenfrei unglücklich sein«, erwiderte der junge Mann lächelnd.

»Gut gekontert«, sagte der alte Chinese anerkennend und grinste. »Aber auch ein sorgenfreies Unglücklichsein ist immer noch Unglücklichsein! Sie werden vielleicht in einem behaglicheren Ambiente leben, aber sich genauso unbehaglich fühlen wie zuvor. Wenn Geld glücklich machen würde, wären Millionäre die glücklichsten Menschen der Welt. Aber wir alle wissen, daß Reiche genau so unglücklich und deprimiert sein können wie Arme. Mit Geld kann man sich nur materiellen Besitz kaufen – wie Ihren Wagen –, aber das sind flüchtige Zerstreuungen, die Ihnen kein dauerhaftes Glück schenken können.«

Der junge Mann schaute beiseite, um über das Gesagte nachzudenken. Der alte Mann nahm einen Schraubenschlüssel
und setzte die Reparatur fort.

»Wie wär's mit einer neuen Arbeit?« fragte der junge Mann.
»Wahrscheinlich ginge es mir in einem anderen Job besser.«

»Sie hören sich wie der Steinmetz an!« sagte der Chinese mit
einem Lachen.

»Was ist mit diesem Steinmetz?«

»In meinem Land gibt es eine Geschichte, die von einem un-
glücklichen Steinmetz handelt, der sich wünschte, ein anderer
zu sein, mit einer anderen Position im Leben.

Eines Tages kam er am Haus eines reichen Kaufmannes vorbei, sah dessen großen Besitz und bemerkte, wie sehr der
Kaufmann geachtet wurde. Der Steinmetz beneidete den reichen Kaufmann und wünschte sich, so zu leben wie dieser.
Dann müßte er nicht länger ein einfacher Steinmetz sein.

Zu seiner Verwunderung wurde ihm sein Wunsch gewährt.
Plötzlich war er der Kaufmann und besaß mehr Macht und
Luxus, als er jemals zu träumen gewagt hatte. Aber er wurde
auch von den Armen beneidet und verachtet und hatte mehr
Feinde, als er jemals für möglich gehalten hatte.

Dann sah er einen hohen Beamten, der von Dienern getragen
und von Soldaten eskortiert wurde und vor dem sich alle verneigten. Er war der mächtigste und geachtetste Mann im gan-

zen Reich. Und der ehemalige Steinmetz und jetzige Kaufmann wünschte sich, wie jener hohe Beamte zu sein, Diener zu haben und Soldaten, die ihn bewachten, und mächtiger zu sein als alle anderen.

Auch dieser Wunsch wurde ihm gewährt. Er verwandelte sich in den hohen Beamten, den mächtigsten Mann im ganzen Reich, vor dem alle sich verneigten. Aber der Beamte war auch der am meisten gefürchtete und gehaßte Mann des Reiches, nur deshalb brauchte er so viele Soldaten.

Die Sonne sandte stechende Strahlen zur Erde. Die Hitze war dem hohen Beamten sehr unangenehm, machte ihn mürrisch und verdrießlich. Er schaute zur Sonne empor und sagte bei sich: ›Wie mächtig sie ist. Ich wünschte, ich könnte die Sonne sein.‹

Es dauerte nicht lange, da war er die Sonne, die auf die Erde schien. Doch dann schob sich eine große, dunkle Wolke vor ihn und versperrte seinen Strahlen den Weg. ›Wie mächtig die Wolke ist‹, dachte er. ›Ich wünschte, ich wäre so mächtig wie die Wolke.‹

Und so wurde er zur Wolke, die den Sonnenstrahlen den Weg versperrte und auf die Dörfer regnete. Doch ein starker Wind kam auf und blies die Wolke fort. ›Ich wünschte, ich wäre so mächtig wie der Wind‹, dachte er, und als er es aussprach, verwandelte er sich in den Wind.

Doch der Wind konnte zwar Bäume entwurzeln und ganze Dörfer verheeren, aber er konnte nichts gegen einen Stein ausrichten. Der große Stein rührte sich nicht von der Stelle, er widerstand der geballten Macht des Windes. ›Wie mächtig dieser Stein ist‹, dachte der Wind. ›Oh, wie gern wäre ich so mächtig wie er.‹

Und er verwandelte sich in den großen Stein, der der geballten Kraft des Windes widerstanden hatte. Jetzt war er endlich glücklich, die große Macht auf Erden. Aber plötzlich hörte er ein Geräusch: klick, klick, klick. Ein Hammer trieb einen Meißel in den Stein und brach ihn Stück für Stück entzwei. ›Was könnte mächtiger sein als ich?‹ fragte sich der Stein. Und da, am Fuße des großen Steines, stand … ein Steinmetz.

Viele Menschen suchen ihr Leben lang nach dem Glück und finden es nicht, weil sie an der falschen Stelle suchen. Man sieht keinen Sonnenuntergang, wenn man nach Osten schaut, und man findet das Glück nicht, wenn man es in seiner Umgebung sucht. Die Geschichte des Steinmetz lehrt uns, daß man das Glück nur findet, wenn man nicht sein Leben, sondern sich selbst ändert.«

»Ich verstehe immer noch nicht«, gestand der junge Mann. »Was ist mit den persönlichen Unglücksfällen, den Enttäuschungen? Wie kann jemand unter solchen Umständen glücklich sein?«

»Jeder von uns gleicht einem Schiff«, fuhr der alte Mann fort, »das über das Meer des Lebens gleitet. Wind und Sturm – Naturkatastrophen, persönliche Tragödien – kommen und gehen, aber solange Sie die Kontrolle über Ruder und Segel haben, können Sie fahren, wohin Sie wollen, ungeachtet aller Winde und Stürme. Tatsächlich können Sturm und Regen das Leben bereichern. Das hängt ganz von Ihrer Sicht der Dinge ab.«

»Da bin ich anderer Meinung«, wandte der junge Mann ein.

»Stürme säubern die Luft und bringen den Regen«, erklärte der alte Chinese, »und was wäre das Leben ohne Regen? Es gäbe kein Wachstum, keine Fülle – und keine Regenbögen. Stürme bringen den Wind. Und als Segler können Sie die Macht des Windes für Ihre Zwecke nutzen.«

»Ich weiß, was Sie meinen, aber ich kann Ihnen nicht zustimmen. Wie kann ein Unglück sich in Glück verwandeln?« fragte der junge Mann.

»Haben Sie schon mal gehört, daß es immer einen Silberstreifen am Horizont gibt?«

»Natürlich. Aber das ist nur so eine Redensart. Ich habe noch nie den Vorteil in einem Unglück gefunden.«

»Vielleicht, weil Sie nie danach gesucht haben. Es gibt kein Problem, das nicht ein Geschenk in sich birgt. Alles, was geschieht, hat einen Sinn, eine Ursache – das ist eine Lehre, die unser Leben bereichern kann. Viele Menschen lassen sich willenlos durchs Leben treiben. Sie sind Sklaven der Umstände und werden von den Stürmen beherrscht, weil sie weder wissen, daß sie Ruder und Segel besitzen, noch, wie man sie benutzt. Sie haben vergessen, wie man segelt, also geben sie dem Wetter die Schuld. Sie wissen nicht, daß sie sich in jeder Situation noch immer für das Glück entscheiden können.«

»Aber man kann sich nicht *alle* Gefühle aussuchen«, wandte der junge Mann ein.

»Alles, woran Sie ernsthaft glauben, ist für Sie wahr«, sagte der alte Mann. »Deshalb sollten Sie gründlich nachdenken, bevor Sie sich entscheiden, an was Sie glauben.«

»Sie wollen doch nicht behaupten«, erwiderte der junge Mann, »daß jeder Mensch glücklich sein kann? Was ist, wenn einer verkrüppelt, blind, taub oder stumm ist? Wie kann ein solcher Mensch glücklich sein?«

»Offensichtlich haben Sie noch niemals einen Behinderten kennengelernt«, erwiderte der alte Mann. »Ich weiß, es kommt Ihnen seltsam vor, daß jemand, der weniger Vorteile besitzt als Sie, glücklich sein kann, und Sie nicht. Aber es ist dennoch wahr. Wissen Sie, was Helen Keller, die ihr Leben lang blind, taub und stumm gewesen ist, antwortete, als man sie fragte, wie ihr Leben mit diesen schweren Behinderungen gewesen sei?«

Der junge Mann schüttelte den Kopf.

»Sie sagte«, fuhr der alte Chinese fort, »›Mein Leben war wunderbar.‹ Und der großartige Schriftsteller Milton, der gleichfalls blind war, erklärte: ›Es ist kein Unglück, blind zu sein. Es ist nur traurig, die Blindheit nicht ertragen zu können.‹ Ebenso sind Reichtum, Gesundheit, Ruhm und Macht keine Garanten des Glücks. Als Napoleon, Kaiser von Frankreich und einer der mächtigsten Männer seiner Zeit, gefragt wurde, ob er ein glückliches Leben geführt habe, antwortete er: ›Ich habe nicht mehr als sechs glückliche Tage gekannt.‹«

Der junge Mann war erstaunt. »Wie erklärt sich das? Wie kann jemand mit derart schweren Behinderungen so glücklich sein, und ein anderer, der über größere Macht und größeren Reichtum verfügt, so unglücklich?«

»Das Glück«, erklärte der alte Mann, »gehört zu den größten Geschenken des Lebens und steht jedem zur Verfügung. Man findet es nicht, man erzeugt es. Ganz gleich, in welcher Lage Sie sich auch befinden mögen, Sie besitzen die Macht, Ihr eigenes Glück zu erschaffen.«

»Wie kann man Glück erschaffen?« wollte der junge Mann wissen.

»Das Universum wird von Gesetzen beherrscht, exakten Gesetzen, die die natürliche Ordnung der Dinge regeln. Von der Bewegung der Wellen über den Sonnenuntergang bis hin zu den Jahreszeiten – alles folgt bestimmten Gesetzen. Die Wissenschaft hat viele dieser Gesetze entdeckt: die Gesetze der Schwerkraft, der Mechanik, des Magnetismus. Aber es gibt noch andere Gesetze, Gesetze, die nicht so bekannt sind, zum Beispiel die Gesetze des Glücks.«

»Die Gesetze des Glücks?« wiederholte der junge Mann verwirrt. »Wovon handeln sie?«

»Es sind zehn zeitlose Regeln, die sicher zum Glück führen, wenn man sie befolgt. Im Laufe der Jahrhunderte vernachlässigten die Zivilisationen auf ihrer Suche nach Reichtum diese Gesetze, bis man sie schließlich ganz vergaß. Nur jene, die ihnen treu blieben, wußten von ihnen. So wurden sie als die ›Geheimnisse‹ bekannt.«

»Und wie kann ich mehr darüber erfahren?« fragte der junge Mann.

»Einen Augenblick … ich bin gleich fertig. Ah, geschafft. So gut wie neu«, sagte der alte Mann, während er sich die Hände an einem Lappen abwischte. »Sie werden es noch früh genug herausfinden. Hier, das ist für Sie«, sagte er, und gab dem jungen Mann ein Blatt Papier.

Als dieser einen Blick darauf warf, sah er, daß darauf weder Geheimnisse noch Gesetze oder Aphorismen geschrieben waren, es war nur eine Liste mit zehn Namen und zehn Telefonnummern. Der junge Mann drehte das Blatt um in der Hoffnung, dort eine Erklärung zu finden. Aber die Rückseite war leer.

»Was soll ich mit der Liste? Wo sind die Geheimnisse?« fragte er, doch als er aufschaute, war der alte Mann verschwunden.

»He!« rief der junge Mann und ging um den Wagen herum. »Wo sind Sie? Das hier ist doch nur eine Namensliste!« Er schaute noch links, er schaute nach rechts, aber der alte Mann war nirgendwo zu sehen.

Plötzlich kam ein Pick-up angefahren, blinkte, fuhr langsamer und bremste neben seinem Wagen.

Der junge Mann stürzte zur Fahrertür. »Wie um alles in der Welt …?« Er brach mitten im Satz ab. Der Mann am Steuer war nicht der alte Chinese.

»Wo liegt das Problem?« fragte der Mechaniker beim Aussteigen.

»Einen Augenblick«, sagte der junge Mann. »Wo ist der alte Mann?«

»Was für ein alter Mann? Wovon sprechen Sie?« fragte der Fahrer verwirrt. »Sie haben doch eine Panne gemeldet, oder?«

»Ja. Aber es war schon jemand da und hat den Wagen repariert … ein alter Chinese.«

»Was für ein alter Chinese? Einen Augenblick. Ich rufe die Zentrale. Dann sehen wir weiter. Vielleicht wurde etwas verwechselt. Würde mich nicht wundern. Passiert ab und zu: In der Zentrale ist manchmal so viel los, daß sie einen Anruf an zwei Mechaniker weitergeben.«

Der Pannenhelfer kletterte zurück in den Pick-up und sprach über Funk mit der Telefonzentrale. »Man hat nur mir den Auftrag erteilt. Steht alles im Computer. Wie es aussieht, bin ich heute abend der einzige diensttuende Automechaniker in diesem Gebiet. Wie dem auch sei, da ich schon mal hier bin, kann ich mir Ihren Wagen auch anschauen. Würden Sie bitte starten?«

Der Motor sprang sofort an und schnurrte wie eine Katze. Der Mechaniker hielt die Hand hoch, um dem jungen Mann zu verstehen zu geben, er solle den Motor abstellen.

»Scheint in Ordnung zu sein«, sagte er. »Ich kann keinen Fehler finden.«

Zehn Minuten nach Abfahrt des Mechanikers saß der junge Mann noch immer in seinem Wagen und dachte über den Alten nach. Wer war er? Woher kam er? Was hatte es mit diesen Geheimnissen des Glücks auf sich, von denen der alte Chinese gesprochen hatte?

Es verstrichen noch ein paar Minuten, bevor der junge Mann den Motor startete und seine Heimfahrt fortsetzte. Er hatte keine Antwort auf seine Fragen bekommen. Ihm blieb nur ein Stück Papier mit zehn Namen und zehn Telefonnummern.

Das erste Geheimnis
Die Kraft der Einstellung

Der junge Mann wählte sofort nach seiner Ankunft die auf der Liste angegebenen Telefonnummern. Sechs Teilnehmer meldeten sich. Den übrigen vier hinterließ er eine Nachricht auf dem Anrufbeantworter. Bei seinen Telefongesprächen kam es ihm so vor, als würden seine Gesprächspartner sehr lebhaft und angeregt, sobald die Rede auf den alten Chinesen kam. Der junge Mann machte mit jedem von ihnen einen Termin aus und traf sie alle in den folgenden Wochen.

Der erste auf der Liste des jungen Mannes war ein Barry Kesterman. Mr. Kesterman arbeitete als Lehrer an der hiesigen Schule. Er unterrichtete am folgenden Tag bis 17 Uhr, und er war bereit, sich danach mit dem jungen Mann zu treffen.

Mr. Kesterman wirkte verhältnismäßig jung. Der junge Mann schätzte ihn auf Ende Dreißig, Anfang Vierzig, keinesfalls älter. Mr. Kesterman korrigierte gerade Schüleraufsätze, als der junge Mann an die Klassentür klopfte.

»Ah! Hereinspaziert, hereinspaziert«, forderte Mr. Kesterman den jungen Mann herzlich auf. Dann schüttelte er ihm die Hand. »Schön, Sie zu sehen, Bitte nehmen Sie Platz. Sie haben den alten Mann also gestern getroffen?«

»Ja. Er hat meinen Wagen repariert.«

»Du meine Güte. Er taucht an den unerwartetsten Stellen auf. Und er hat Ihnen von den Geheimnissen des Glücks erzählt?« fragte Mr. Kesterman.

»Ja. Kennen Sie sie?« wollte der junge Mann wissen. »Natürlich.«

»Und funktionieren sie wirklich?«

»Absolut. Vor fünfzehn Jahren war ich auf dem Tiefpunkt angelangt. Ich hatte gerade meinen Job verloren, lebte in einem kleinen Apartment, fünfhundert Kilometer von meiner Heimatstadt entfernt, hatte kaum Freunde, war deprimiert und nahe daran, das Handtuch zu werfen. Mir war, als wäre ich unter einer schwarzen Wolke begraben, ich sah keinen Weg mehr.

Ich ging in den Park und setzte mich auf eine Bank, von der aus man den See überblicken konnte, und grübelte über meine Probleme nach. Nach einigen Minuten wandte ich mich zur Seite und stellte fest, daß ich nicht länger allein war – ein alter Chinese saß neben mir.«

Dem jungen Mann schien unglaublich, was er gehört hatte. Ein leichter Schauer lief ihm den Rücken hinab.

»Haben Sie etwas dagegen, wenn ich mir Notizen mache?«
fragte er.

»Nein. Überhaupt nicht«, sagte Mr. Kesterman und fuhr fort:
»Wahrscheinlich stand mir ins Gesicht geschrieben, daß etwas
mich beunruhigte, aber ich wurde das Gefühl nicht los, der
alte Mann wüßte genau über meine Probleme Bescheid. Es
war, als könne er Gedanken lesen.

Wir unterhielten uns eine Weile. Er erklärte mir, er sei auf
dem Weg zu einem Freund, der recht deprimiert sei. ›Mein
Freund hat ganz einfach die goldene Regel des unerschöpflichen Glücks vergessen‹, sagte der alte Mann. Ich hatte noch
nie von diesen goldenen Regeln gehört – unerschöpflich oder
nicht. Der alte Mann fuhr fort: ›Es ist ganz einfach. Man ist so
glücklich, wie man sein will.‹

Damals verstand ich nicht, was er damit meinte. Aber später
stellte ich fest, daß es stimmte. Ehrlich gesagt war diese
schlichte Bemerkung die wichtigste Lektion, die ich in meinem Leben gelernt habe. Sie barg das erste Geheimnis des
Glücks ... die Macht der Einstellung.«

Der junge Mann hörte aufmerksam zu, als Mr. Kesterman
fortfuhr.

»Lassen Sie es mich erklären. Ich hatte, wie die meisten Menschen, immer angenommen, bestimmte Dinge würden mich
glücklich machen. Aber in Wirklichkeit können wir uns dafür

entscheiden, glücklich zu sein. Ich kann mich noch gut an einen Hypnotiseur erinnern, der seine Künste auf einer Bühne vorführte. Er gab jedem, den er hypnotisiert hatte, eine rohe Zwiebel und erklärte, es sei die köstlichste Frucht, die sie jemals gegessen hätten. Die Hypnotisierten bissen in die Zwiebel, leckten sich genüßlich über die Lippen und ließen sich jeden Bissen munden. Dann gab der Hypnotiseur ihnen einen reifen Pfirsich und erklärte, es handele sich um eine rohe Rübe. Die Hypnotisierten bissen in den Pfirsich und spien den Bissen sofort unter allen Anzeichen des Abscheus wieder aus. Ihre unter Hypnose gewonnene Einstellung bestimmte die Reaktion auf die Zwiebel und den Pfirsich.

Das Problem ist, daß wir oft mit negativen Einstellungen durchs Leben gehen, und diese Einstellungen sind es, die uns unglücklich machen.«

»Welche Art von negativen Einstellungen?« fragte der junge Mann.

»Nun, ein gutes Beispiel sind unsere Erwartungen. Mir wurde beispielsweise beigebracht, man solle stets mit dem Schlimmsten rechnen, um nicht enttäuscht zu werden.«

»Genau. Das hat man mich auch gelehrt. Klingt logisch«, sagte der junge Mann.

»Es ist eine weitverbreitete Überzeugung«, erklärte Mr. Kesterman, »aber eine falsche. Eine Überzeugung, die sehr oft unsere Träume zerstört und uns daran hindert, Glück zu erfahren.«

»Wie das?« fragte der junge Mann. »Wenn man das Schlimmste erwartet, und es trifft ein, dann ist man nicht enttäuscht, und falls es nicht eintrifft, ist man angenehm überrascht. Wenn man aber das Beste erwartet, ist die Enttäuschung vorprogrammiert.«

»Ich weiß, daß es so aussieht. Aber ich kann Ihnen hier und jetzt beweisen, daß Sie, wenn Sie das Schlimmste erwarten, auch das Schlimmste erfahren werden – und umgekehrt. Schauen Sie sich bitte gut hier im Raum um und achten Sie dabei auf alles, was braun ist.«

Der junge Mann blickte sich um. Es gab eine Reihe brauner Dinge: der hölzerne Bilderrahmen, die hellbraune Sitzbank, die Gardineneinfassung, die Schreibpulte, Bücher und zahllose kleinere Gegenstände.

»Gut«, sagte Mr. Kesterman. »Schließen Sie jetzt Ihre Augen ...«

Der junge Mann machte die Augen zu.

»... und nennen Sie mir alle ... blauen Dinge.«

Der junge Mann lächelte und sagte: »Mir ist nichts Blaues aufgefallen.«

»Öffnen Sie die Augen«, sagte Mr. Kesterman. »Schauen Sie, Sie sind von blauen Dingen umgeben.«

Und der junge Mann sah eine blaue Vase, einen blauen Fotorahmen, ein blaues Paisley-Muster im Teppich, einen blauen Briefbeschwerer, blaue Bücher im Regal. Mr. Kesterman trug sogar ein blaues Hemd. Je mehr der junge Mann nach blauen Gegenständen Ausschau hielt, desto mehr von ihnen nahm er wahr.

»Schauen Sie sich all die Dinge an, die Sie übersehen haben!«

»Sie haben mich hereingelegt«, sagte der junge Mann. »Ich habe nach braunen Gegenständen Ausschau gehalten, nicht nach blauen.«

»Und genau darum geht es!« erklärte Mr. Kesterman. »Sie haben nach Braun Ausschau gehalten, also sahen Sie Braun und übersahen das Blau. Genau so verhalten wir uns auch im täglichen Leben: Wir halten nach dem Schlimmsten Ausschau, also sehen wir das Schlimmste und übersehen das Beste. Und genau das bewirkt unsere Überzeugung, die uns dazu verführt, stets das Schlimmste zu erwarten oder zu befürchten. Dadurch verlieren wir all die guten Dinge des Lebens aus den Augen.

Das ist einer der Gründe, weshalb viele reiche und berühmte Menschen – Menschen, die alles haben, was Sie sich nur vorstellen können – immer noch deprimiert sind und zu Drogenabhängigen oder Alkoholikern werden. Sie konzentrieren sich auf das, was sie *nicht* haben, statt auf das, was sie bereits besitzen. Sie sehen nur, was ihnen noch fehlt. Auf diese Weise erzeugen sie ihr eigenes Unglück.

Andererseits sind viele Menschen, die in sehr bescheidenen Verhältnissen leben, überaus glücklich, weil sie sich auf das konzentrieren, was sie bereits haben. Und deshalb ist ein Mensch, der sein Glas als halbvoll betrachtet, glücklicher als jemand, der es für halbleer hält.

Sie sehen, daß, entgegen unserer landläufigen Überzeugung, alles Äußerliche wie Geld, Autos, Besitztümer, Ruhm und Glück irrelevant ist. Allein unsere Einstellung zum Leben bestimmt, ob wir glücklich sind. Also brauchen wir, um glücklich zu sein, nicht mehr Geld oder ein größeres Haus oder einen besseren Job, sondern wir müssen einzig unsere Einstellung ändern. Samuel Johnson schrieb folgendes dazu:

> Zufriedenheit muß dem Verstand entspringen. Jener, der die menschliche Natur so wenig kennt, daß er bei seiner Suche nach dem Glück alles ändert außer seiner Anlage, wird sein Leben in fruchtlosen Bemühungen verschwenden und das Leid, das er beseitigen möchte, vervielfachen.«

»So habe ich das noch gar nicht betrachtet«, sagte der junge Mann. »Klingt glaubhaft.«

»Interessant, nicht wahr? Denken Sie einmal darüber nach, was für gewöhnlich eintrifft, wenn Sie etwas tun und das Schlimmste befürchten«, sagte Mr. Kesterman.

»Ich verstehe nicht«, sagte der junge Mann.

»Gut. Ich will es an einem Beispiel erklären. Stellen Sie sich vor, Sie müßten vor Hunderten von Menschen eine Rede halten. Vielleicht sind Sie nervös und denken über all das nach, das geschehen könnte: Sie könnten vergessen, was Sie sagen wollten, Sie könnten zu Stottern anfangen, Sie könnten am Ende vor all diesen Menschen als kompletter Narr dastehen. Wie sollen diese Gedanken Sie auf die Rede vorbereiten, Sie motivieren? Machen diese Gedanken Sie sicherer oder nervöser?«

»Nervöser«, erwiderte der junge Mann.

»Natürlich. Und dieses Prinzip läßt sich auf alles anwenden, was wir im Leben tun. Wer wird morgens eher aus dem Bett springen, begierig, dem Tag ins Auge zu schauen – der Mensch, der das Schlimmste befürchtet oder derjenige, der einen herrlichen Tag erwartet? Und welcher von beiden wird den Tag genießen?«

»Ich verstehe, worauf Sie hinaus wollen. Aber was geschieht, wenn die Dinge nicht so laufen, wie man es erwartet? Was ist, wenn etwas Schlimmes passiert?«

»Denken Sie stets an die goldene Regel: Sie allein entscheiden über Ihre Empfindungen! Sie können in jeder Situation nach Blau oder Braun Ausschau halten. Sie können sich auf die positive Seite einer Situation konzentrieren statt auf das, was Ihnen negativ erscheint.«

»Und was, wenn ich nichts Positives finden kann?«

»Nun, wenn ein Unglück uns trifft, ist es manchmal schwer, das Positive daran zu sehen. Eine Methode, mit dem Leid fertig zu werden, besteht darin, in ihm etwas Positives, Bedeutsames zu sehen. Das größte Unglück ist wahrscheinlich, wenn Eltern ihr Kind verlieren. Und in vielen dieser Fälle kommt man über den Schmerz nur dann hinweg, wenn man etwas Positives erzeugt.

Eine junge Mutter aus Kalifornien war durch den Verlust ihrer dreizehnjährigen Tochter, die von einem betrunkenen Autofahrer in einem Verkehrsunfall getötet wurde, zutiefst betrübt. Als sie herausfand, daß der Fahrer bereits mehrmals wegen Trunkenheit am Steuer aufgefallen war und die Gesetze die Öffentlichkeit nicht vor ihm und seinesgleichen schützten, rief sie eine landesweite Kampagne ins Leben, in der sie forderte, etwas dagegen zu tun. *Mothers Against Drunk Drivers* besitzt eine Lobby im Kongreß und ist für über 950 Gesetze gegen Trunkenheit am Steuer verantwortlich. Die Kampagne breitete sich bis nach Kanada, das Vereinigte Königreich und Neuseeland aus und hat bisher Hunderttausende von Menschenleben gerettet. Und das alles nur, weil eine Mutter beschloß, ihr Leid, ihren Verlust, in etwas Positives zu verwandeln.

Jede Erfahrung birgt in sich ein Geschenk, etwas, das uns und jenen, die uns nahestehen, nützen kann. Wir müssen nur *beschließen*, danach Ausschau zu halten. Als ich vor Jahren den alten Chinesen traf, hatte ich gerade meinen Job verloren und konnte nur noch daran denken, daß ich ein Versager war und wahrscheinlich nie wieder eine Arbeit bekommen würde. Doch nach einem längeren Gespräch mit dem alten Mann begann ich zu erkennen, daß die Kündigung sehr positiv sein konnte.«

»Wie kann es positiv sein, seine Arbeit zu verlieren?« fragte der junge Mann.

»Zunächst bot sich mir nun die Gelegenheit, eine neue Laufbahn einzuschlagen, mir eine Arbeit zu suchen, an die ich wirklich glaubte«, erklärte Mr. Kesterman. »Nach der Unterhaltung mit dem alten Chinesen grämte ich mich nicht länger wegen der Kündigung, sondern war aufgeregt, begeistert und optimistisch. Wenn Sie sich von unserem Gespräch auch nur eines merken wollen, dann merken Sie sich folgendes:

Es sind die Bedeutungen, die wir den Vorkommnissen in unserem Leben beimessen – nicht die

Vorkommnisse selbst –, die unsere Gefühle in bezug auf sie bestimmen.

Dank dieser Einstellung stellte die Kündigung für mich einen Neuanfang dar, einen Wendepunkt in meinem Leben. Im Grunde meines Herzens wußte ich, daß mich mein alter Job nicht begeistert hatte. Er hatte nur dazu gedient, meinen Lebensunterhalt zu verdienen. Und plötzlich war da die Chance, darüber nachzudenken, was ich wirklich mit meinem Leben anfangen wollte. Ich wollte die Möglichkeit haben, etwas zu verändern. Ich wollte Einfluß – positiven Einfluß – nehmen und etwas für das Gemeinwesen tun. Schließlich kam ich zu dem Schluß, daß ich Lehrer werden wollte. Es dauerte nicht lange, und ich entschloß mich, wieder aufs College zu gehen.

Lassen Sie mich es Ihnen noch an einem weiteren Beispiel erläutern«, fuhr Mr. Kesterman fort. »Stellen Sie sich vor, Ihre Freundin hätte sich von Ihnen getrennt. Sie könnten erstens daraus schließen, daß Sie unattraktiv und nicht liebenswert sind und nie wieder eine Freundin finden werden. Und Sie könnten zweitens glauben, daß Sie, selbst wenn Sie eine neue Freundin finden, nicht fähig sind, eine dauerhafte Beziehung aufrechtzuerhalten. Aber Sie können die Situation auch gänzlich anders sehen und die Trennung als eine Möglichkeit betrachten, jemanden zu finden, der besser zu Ihnen paßt. Es hängt allein von Ihrer Einstellung ab.

Die meisten Erfahrungen haben eine positive Seite. In manchen Teilen der Erde wird selbst der Tod als freudiges Ereignis betrachtet, weil die Menschen dort glauben, die Seele kehre durch den Tod in ihr wirkliches Zuhause zurück und werde zu einer anderen Zeit, an einem anderen Ort, jene Menschen treffen, die sie lieben.«

»Aber es ist nicht immer leicht, einer bestimmten Situation etwas Positives abzugewinnen«, wandte der junge Mann ein.

»Nur, wenn Sie nicht danach suchen! Die positive Seite nicht zu sehen, bedeutet, daß Sie nicht danach Ausschau halten. Wir können eine positive Einstellung gewinnen, indem wir uns positive Fragen stellen. Statt zu klagen: ›Warum geschieht das gerade mir?‹ sollten wir uns fragen: ›Was kann ich aus dieser Erfahrung lernen?‹«

»Was wollen Sie damit sagen?« fragte der junge Mann.

»Den lieben langen Tag stellen Sie sich Fragen«, erklärte Mr. Kesterman, »über Dinge, die Sie sehen, hören, riechen, über Dinge, die Sie getan haben und Dinge, die Sie tun. Vom Erwachen bis zum Einschlafen stellt sich Ihr Unterbewußtsein Fragen. Tatsächlich besteht der Denkprozeß selbst aus nichts weiter als einer Folge von Fragen. Fragen führen zu Antworten, und Antworten erzeugen Gefühle. Sind Sie unglücklich oder deprimiert, bedeutet das normalerweise, daß Sie die falschen Fragen stellen. Sie fragen sich, was mit Ihrem Leben nicht stimmt, statt zu fragen, was stimmt.

Die meisten Menschen fragen sich angesichts einer schwierigen Situation: ›Warum gerade ich?‹ und: ›Was soll ich tun?‹ Beides sind negative, entmutigende Fragen, die Selbstmitleid, Hoffnungslosigkeit und Depression erzeugen. Stellten wir uns statt dessen positive Fragen, würden wir völlig anders empfinden.«

»Welche Fragen wären das?« fragte der junge Mann.

»Fragen, die Gefühle der Stärke und Hoffnung erzeugen. Wann immer ich mich beispielsweise in einer schwierigen Situation befinde, stelle ich mir drei Fragen, die meine Sichtweise augenblicklich ändern.

Die erste Frage lautet: ›Was ist an dieser Situation positiv?‹«

»Und wenn es nichts Positives daran gibt?« unterbrach ihn der junge Mann.

»Dann frage ich mich: ›Was könnte positiv daran sein?‹ Diese Frage läßt Sie nach etwas Positivem Ausschau halten, und Sie werden dann auch etwas finden – so wie Sie die blauen Dinge in diesem Zimmer erst entdeckten, als Sie bewußt danach suchten.

Und genau das ist mit der Redensart vom ›Silberstreifen am Horizont‹ gemeint und damit, daß jedes Problem ein verborgenes Geschenk ist. Alles kann umstrukturiert werden. Dadurch erhalten Sie die Macht und Möglichkeit, Ihr Leben durch jede Erfahrung zu bereichern – das ist das erste Geheimnis des Glücks.

Der alte Mann gab mir eine Liste mit Namen von Menschen, die mich dann die Geheimnisse des Glücks lehrten. Viele von ihnen hatten schwere Krisen durchgemacht. Aber sie überwanden ihre Schwierigkeiten, weil sie lernten, wie man jeder Situation die positive Seite abgewinnt.

Die zweite Frage lautet: ›Was ist noch nicht vollkommen?‹ Diese Frage setzt voraus, daß die Dinge einmal vollkommen sein werden und erzeugt ein gänzlich anderes Gefühl als die Frage: ›Was stimmt nicht?‹

Und schließlich die dritte Frage: ›Was kann ich tun, damit es so läuft, wie ich will, und ich Spaß dabei habe?‹ Diese Frage hilft Ihnen, all die Dinge zu entdecken, die Sie tun können, um die Situation zu verbessern, und diesen Prozeß erfreulicher zu gestalten.

Lassen Sie es mich Ihnen anhand einiger Beispiele erklären. Wenn Sie sich gestern abend bei der Wagenpanne gefragt hätten: ›Was ist an dieser Situation positiv?‹ wäre die Antwort vielleicht gewesen: ›Es ist gut, daß ich nicht verletzt wurde‹, oder: ›Es ist gut, daß es eine Pannenhilfe gibt, die sich den Wagen anschaut‹, oder: ›Es ist gut, daß der Wagen nicht auf einer Landstraße, viele Kilometer von jedem Telefon entfernt, den Geist aufgegeben hat.‹

Auf die Frage: ›Was ist noch nicht vollkommen?‹ ist die Antwort in Ihrem Fall offensichtlich: ›Mein Wagen.‹ Und als letztes sollten Sie sich fragen: ›Was kann ich tun, damit es so läuft, wie ich will, und ich Spaß dabei habe?‹ Sie könnten zum Beispiel die Zeit, in der Sie auf den Automechaniker warten, darauf verwenden, mit Muße die Zeitung oder ein Buch zu lesen, oder sich eine Radiosendung anhören, die Sie sonst nicht hören können. Sie könnten die Wartezeit kreativ nutzen: Ihren nächsten Urlaub planen, einen Brief schreiben oder das Buch anfangen, das Sie immer schon schreiben wollten (vorausgesetzt, Sie haben Bleistift und Papier dabei). Oder Sie könnten sich einfach zurücklehnen und ein wohlverdientes Nickerchen machen, bis der Mechaniker eintrifft.

Ein weiteres Beispiel: Stellen Sie sich vor, Sie wären wegen Ihres Übergewichts deprimiert. Was ist gut daran? Zweierlei. Erstens sind Sie endlich an dem Punkt angelangt, an dem Ihr Gewicht Sie so unglücklich macht, daß Sie wirklich etwas dagegen tun wollen. Zweitens sind Sie sich bewußt, daß etwas getan werden muß, da das Übergewicht das Risiko eines Herzleidens erhöht.

Was ist noch nicht vollkommen? Ihr Gewicht und Ihre Figur. Was würden Sie tun, um die Situation zu verbessern? Die Ursachen der Fettleibigkeit herausfinden, Ihr Eßverhalten ändern und mit einem Training beginnen. Und wie können Sie den Prozeß des Schlankwerdens erfreulich gestalten? Treten Sie in den entsprechenden Club ein. Dort treffen Sie Menschen mit dem gleichen Problem. Oder belegen Sie einen Fitneß-Kurs. Sie könnten wieder mit dem Tanzen anfangen, einer ausgezeichneten Trainingsform. Halten Sie nach gesundem Essen Ausschau, das Ihnen zusagt. Lernen Sie, gesunde, fettarme Gerichte zu bereiten.«

»Faszinierend«, sagte der junge Mann. »Man kann also bewußt seine Einstellung ändern, wenn man das Beste erwartet, sich auf das Positive konzentriert und ermutigende Fragen stellt?«

»Genau«, erwiderte Mr. Kesterman. »Aber der wesentlichste Bestandteil einer gesunden, zufriedenen Einstellung zum Leben ist die Dankbarkeit. Um Glück zu erleben, brauchen Sie nur Dankbarkeit zu entwickeln.«

»Und wie?«

»Halten Sie nach Dingen Ausschau, für die Sie dankbar sein können«, antwortete Mr. Kesterman. »Fragen Sie sich jeden Tag: ›Für was kann ich dankbar sein?‹«

»Aber wenn nichts da ist, wofür man dankbar sein kann?« wollte der junge Mann wissen.

Mr. Kesterman musterte ihn mit hochgezogenen Brauen. »Vor

ein paar Jahren besuchte ich einen alten Freund, der im Sterben lag. Die Ärzte meinten, er hätte nur noch knapp ein Jahr zu leben. Ich erwartete, einen deprimierten Mann vorzufinden; doch mein Freund war nicht nur gut gelaunt, sondern richtiggehend fröhlich.«

»Wie kann jemand, der nur noch knapp ein Jahr zu leben hat, froh sein?« fragte der junge Mann verwirrt.

»Das interessierte mich auch. Ich fragte ihn: ›Warum bist du so glücklich, Jim?‹ Er antwortete: ›Weil ich heute morgen aufgewacht bin und lebe!‹ Aus der Antwort sprach Demut. Und wenn ein Sterbender etwas finden kann, für das er dankbar ist, wie vieles müßten wir dann finden?

Wie elend unsere Lage auch sein mag«, fuhr Mr. Kesterman fort, »es gibt immer eine Sache – gewöhnlich mehr als eine – für die wir dankbar sein können.

Es liegt nicht an den Umständen, ob jemand ein magisches Leben führt oder ein alltägliches, es ist eine Frage der Einstellung. Die innere Einstellung ist der Pinsel, mit dem wir unserem Leben Farbe geben. Die Wahl der Farben ist uns überlassen.«

Auf dem Nachhauseweg dachte der junge Mann über das Gehörte nach. Er erkannte, daß er noch einiges über sich und sein Leben zu lernen hatte – aber bedeutsamer war, daß er zu verstehen begann, weshalb er so lange unglücklich gewesen war.

Am Abend las der junge Mann die Notizen durch, die er sich während des Gesprächs mit Mr. Kesterman gemacht hatte.

Das erste Geheimnis des Glücks – Die Kraft der Einstellung

Mein Glück ist gegründet auf meiner Einstellung zum Leben.

Ich bin so glücklich, wie ich es mir zu sein erlaube. Von jetzt an werde ich mir erlauben, glücklich zu sein.

Wenn ich das Beste erwarte, werde ich es sehr oft bekommen.

Ich kann mich jederzeit, an jedem Ort, für das Glück entscheiden.

Jede Erfahrung hat eine positive Seite. Von heute an werde ich in allem und jedem nach dem Positiven suchen.

Stell dir in jeder schwierigen oder anstrengenden Situation folgende fünf Fragen:

Was ist daran positiv? Oder was könnte positiv daran sein?

Was ist noch nicht vollkommen?

Was kann ich tun, um die Situation zu verbessern? Und wie kann ich dabei Spaß haben?

Glück entspringt der Dankbarkeit. Von heute an werde ich nach Dingen Ausschau halten, für die ich dankbar sein kann.

Allein meine Gedanken, nicht die Umstände, entscheiden darüber, ob ich glücklich oder unglücklich bin. Wenn ich Herr meiner Gedanken bin, bin ich Herr meines Glücks.

Das zweite Geheimnis

DIE KRAFT DES KÖRPERS

ALS NÄCHSTES TRAF sich der junge Mann mit Rodney Greenway. Greenway war ein bekannter Fitneßtrainer. Ihm gehörte nicht nur eines der führenden Fitneßcenter der Stadt, sondern er hatte auch mehrere Bücher über Gesundheit und Fitneß geschrieben, die international zu Bestsellern geworden waren. Der junge Mann erschien pünktlich um 20 Uhr in Greenways Fitneßcenter und wurde von einem großen, muskulösen Mann mit Bürstenhaarschnitt in Bluejeans und einem weißen T-Shirt begrüßt. Der Mann hatte ein leicht gebräuntes Gesicht, dunkelbraune Haare und leuchtend grüne Augen, die zu glühen schienen, wenn er lächelte.

Er führte den jungen Mann in sein Büro. Mr. Greenway forderte ihn auf, sich auf einen Sessel zu setzen, und ließ sich selbst auf dem zweiten nieder.

»Möchten Sie etwas trinken?« fragte Mr. Greenway den jungen Mann. »Wir haben Fruchtsaft, Mineralwasser, Kräutertees …«

»Einen Fruchtsaft, bitte«, erwiderte der junge Mann. Mr. Greenway füllte zwei Gläser mit frischem Apfelsaft und reichte eines davon dem jungen Mann.

Dann fragte er: »Also, was kann ich für Sie tun?«

»Ich weiß nicht«, erwiderte der junge Mann und erzählte Mr. Greenway seine Geschichte.

»Die Geheimnisse des Glücks«, sagte dieser. »Ich lernte sie vor rund zehn Jahren kennen. Damals arbeitete ich noch als Anwalt.«

»Als Anwalt?« wiederholte der junge Mann erstaunt. »Sie haben eine Anwaltskarriere aufgegeben, um Fitneßtrainer zu werden?«

»Genau.«

»Warum? Wie konnten Sie etwas aufgeben, für das Sie viele Jahre studiert haben? Wie konnten Sie einen so einträglichen Beruf aufgeben?«

»Ganz einfach«, sagte Mr. Greenway. »Ich war unglücklich. Als Student hatte ich keine Ahnung, was ich mit meinem Leben anfangen sollte. Jura zu studieren, schien mir die vernünftigste Lösung. Ich sagte mir, falls sich nach dem Examen herausstellen sollte, daß mir der Job nicht zusagte, könnte ich das Studium immer noch als ein ausgezeichnetes Sprungbrett zu anderen Berufen benutzen.«

»Aber doch nicht für den Beruf eines Fitneßtrainers?«

»Nein. Das stimmt. Ich wurde Fitneßtrainer, weil ich es wollte. Ich war einige Jahre lang als Anwalt recht gut, aber nicht mit dem Herzen bei der Sache. Nach und nach wurde ich immer müder, deprimierter. Am Ende fiel es mir sogar schwer, morgens aufzustehen.«

»Das Gefühl ist mir sehr vertraut«, sagte der junge Mann.

»Eines Tages mußte ich länger im Büro bleiben. Der Hausmeister kam herein und sah sofort, daß etwas nicht stimmte. Ich hatte den Kopf in die Hände gestützt und rieb mir die Augen. Ich sagte, es ginge mir gut, ich sei nur ein wenig deprimiert. Dann fragte er mich, ob ich mich ›high‹ fühlen wolle. Ich sagte: ›Nein, danke. Ich nehme keine Drogen.‹ – ›Wie kommen Sie darauf, daß ich von Drogen spreche?‹ fragte er. Ich war interessiert. Ich konnte mir nicht vorstellen, was außer Drogen mir ein Hochgefühl verschaffen könnte.«

Der junge Mann zog Kugelschreiber und Notizbuch aus der Tasche und machte sich Notizen.

»Und wissen Sie, was der Hausmeister antwortete? ›Training‹, sagte er.«

»Training?« Der junge Mann schaute von seinem Block auf.

»Ja. Einfaches, schlichtes Körpertraining.«

»Und davon soll man ›high‹ werden?« fragte der junge Mann.

»Training ist nicht nur für die körperliche Gesundheit unerläßlich, sondern auch, um die mentale und emotionale

Gesundheit langfristig aufrechtzuerhalten. Und es gibt gute Gründe dafür.

Vielleicht ist Ihnen schon aufgefallen, daß die meisten Menschen jemandem, der deprimiert ist, oft raten, irgend etwas zu tun. Ein guter Rat. Man könnte es auf eine einfache Formel bringen: ›Erhebe dich von deinem Hintern.‹«

Der junge Mann lächelte, als er es niederschrieb.

»Es ist ein guter Rat, weil er funktioniert. George Bernard Shaw schrieb einst: ›Das Geheimnis unseres Unglücklichseins besteht darin, daß wir die Muße haben, darüber nachzudenken, ob wir glücklich sind oder nicht.‹

Aber aufzustehen und etwas zu tun hilft nicht nur, Ihre Probleme zu verscheuchen, es verändert auch Ihre Wahrnehmung dieser Probleme und mindert den Streß, den diese Probleme erzeugen.«

»Wie kann Training unsere Wahrnehmung ändern?« fragte der junge Mann ungläubig.

»Heute ist vor allem die Erkenntnis wichtig, daß körperliche Bewegung die Gefühle beeinflußt.«

Der junge Mann machte sich eine Notiz.

»Wenn wir unseren Körper bewegen, verändern wir unseren emotionalen Zustand. Es ist bekannt, daß Menschen, die nicht regelmäßig trainieren, anfälliger sind für Muskelschwund, körperliche Schwäche, Kalziummangel in den Knochen und daß sie doppelt so häufig frühzeitig sterben wie Menschen, die regelmäßig trainieren. Nicht so bekannt ist, daß Menschen, die unregelmäßig trainieren, dazu neigen, introvertiert, verkrampft und überempfindlich zu werden; sie leiden auch stärker unter Depressionen, Angstzuständen und mentaler Erschöpfung.«

»Warum?« fragte der junge Mann.

»Wissenschaftler fanden eine sehr gute Erklärung für dieses Phänomen. Sie stellten fest, daß das Gehirn beim Training bestimmte Chemikalien und Hormone freisetzt – Endorphine und Encephaline, natürliche Stimulanzien, die Sie anregen und ›high‹ machen.«

»Wollen Sie damit sagen, regelmäßiges Training mache glücklich?« fragte der junge Mann.

»Ja, das will ich«, erwiderte Mr. Greenway.

»Welche Art Training?«

»›Aerobisches‹ Training. Keine Angst, das bedeutet nicht zwangsläufig ein Training à la Jane Fonda«, sagte Mr. Greenway lächelnd. »›Aerobic‹ bedeutet ›mit Sauerstoff‹ und umfaßt jede Aktivität, jede Sportart, bei der Sie bewußt und regelmäßig atmen, zum Beispiel Schwimmen, Radfahren, schnelles Gehen, ja, sogar Tanzen. Während zu einem Training, das nicht auf den Ideen von ›Aerobic‹ aufbaut, jeder Sport gehört, bei dem Sie den Atem pressen, wie Sprinten und Gewichtheben. Diese Aktivitäten sind weder für Ihre Gefühle noch für Ihre Gesundheit förderlich.«

»Warum nicht?« Der junge Mann war neugierig.

»Weil Sie bei einem nichtaerobischen Training Glykogen statt Sauerstoff verbrauchen, und Glykogen ist Hirnnahrung.«

»Wieviel Training ist nötig, wenn man Erfolge sehen will?« fragte der junge Mann.

»Nur rund dreißig Minuten täglich. Mehr nicht.«

»Das klingt recht einfach«, sagte der junge Mann.

»Ist es auch«, erwiderte Mr. Greenway, »obwohl es, wie bei jeder Änderung des Lebensstils, den Entschluß voraussetzt, es regelmäßig zu tun, es zur Gewohnheit werden zu lassen.«

»Sie behaupten also, Training könne helfen, glücklicher zu werden?«

»Ja. Auch ich hatte anfangs Zweifel daran«, gestand Mr. Greenway, der merkte, daß der junge Mann noch nicht überzeugt war. »Ich hatte an jenem Abend ein langes Gespräch mit dem Hausmeister, und er erwähnte die Geheimnisse des Glücks. Ich muß gestehen, daß sie mein Leben vollkommen veränderten. Aber das Geheimnis, das ich unbedingt erfahren mußte – jenes Geheimnis, mit dem ich mich heute am besten auskenne und Ihnen helfen kann – ist … die Macht unseres Körpers.«

»Ich nehme an, Sie meinen mit ›Körper‹ Training«, sagte der junge Mann.

»Nein. Es gibt noch eine Reihe anderer, gleich wichtiger Aspekte in der Art, wie wir unseren Körper benutzen, die ebenfalls eine tiefe und sofortige Auswirkung auf unsere Gefühle haben. Training ist nur einer von ihnen.«

Der junge Mann war fasziniert. Er machte sich Notizen, während Mr. Greenway fortfuhr.

»Das erste ist unsere Körperhaltung, die Art, wie wir stehen, sitzen und gehen. Wenn wir uns schlecht halten, beispielsweise krumm oder nach einer Seite gebeugt statt gerade und aufrecht, dann leiden Gesundheit und Gefühle.«

»Es fällt mir schwer, das zu glauben. Wie kann die Art, wie wir stehen oder sitzen, unsere Gefühle beeinflussen?« fragte der junge Mann.

»Ich will es Ihnen erklären«, antwortete Mr. Greenway. »Stellen Sie sich vor, draußen vor der Tür wäre ein lethargischer, müder und deprimierter Mann. Wie würde er Ihrer Meinung nach sitzen oder stehen?«

»Ich weiß nicht.«

»Nun, wäre sein Kopf hoch erhoben oder gesenkt?«

»Gesenkt.«

»Wäre sein Brustkorb vorgereckt, oder stünde er krumm da?«

»Ich nehme an, er stünde krumm da.«

»Würde er lächeln, oder wären seine Gesichtsmuskeln schlaff?«

»Nun, es ist unwahrscheinlich, daß er lächeln würde«, erwiderte der junge Mann.

»Würde er tief oder flach atmen?«

»Flach. In Ordnung, ich weiß, worauf Sie hinauswollen«, sagte der junge Mann. »Wir nehmen verschiedene Haltungen ein, je nachdem, wie wir uns fühlen.«

»Genau. Aber das gleiche gilt auch umgekehrt: Unsere Körperhaltung beeinflußt unsere Gefühle. Wenn wir ständig vorgebeugt und mit hängenden Schultern durchs Leben gehen, werden wir uns schließlich deprimiert fühlen. Wenn wir uns gerade hinstellen, werden wir uns sofort wohler fühlen. Es klingt vielleicht unglaublich, aber durch eine veränderte Körperhaltung können wir augenblicklich unseren emotionalen Zustand verändern.

Wußten Sie zum Beispiel, daß es faktisch unmöglich ist, deprimiert zu sein, wenn man gerade steht, tief atmet und lächelt? Forscher haben Manisch-Depressive – von denen einige schon seit über zwanzig Jahren medikamentös behandelt wurden – beobachtet, um herauszufinden, wie sie sich bei verschiedenen Körperhaltungen fühlen. Zu ihrem Erstaunen mußten sie feststellen, daß Patienten, die gerade standen, tief atmeten und lächelten, sich weder deprimiert fühlten noch Medikamente brauchten. Können Sie sich das vorstellen?«

»Sie wollen doch sicher nicht sagen, wenn man mehr Zeit darauf verwendet, geradezustehen, tief zu atmen und zu lächeln, würden sich alle Probleme in Luft auflösen?«

»Nein, natürlich nicht. Aber es ist ein ausgezeichneter Anfang. Wir würden uns wohler fühlen. Und es funktioniert sofort. Es ist einfach eine Methode, mittels unseres Körpers Kontrolle über unsere Gefühle zu erlangen.

Zu den Geheimnissen des Glücks gehört, sich seiner Haltung bewußt sein. Oft entwickelt sich die falsche Haltung durch ständige Nachlässigkeit. Wir sitzen bei der Arbeit über den Schreibtisch gebeugt oder mit hängenden Schultern vor dem Fernseher. Diese Haltung wird uns früher oder später deprimieren.«

»Aber es ist so unbequem, immer geradezustehen wie ein Soldat während der Parade«, wandte der junge Mann ein.

»Eine gute Körperhaltung bedeutet nicht, eine Habachtstellung einzunehmen.

Tatsächlich ist gerade diese Haltung sehr schlecht, weil sie zusätzliche Spannungen im Rücken erzeugt. Eine gesunde Körperhaltung entsteht, wenn Sie einfach nur den Rücken gerade und entspannt halten. Sie sollten weder Spannung noch Schmerzen spüren. Eine der besten Methoden zur Verbesserung der Körperhaltung ist die sogenannte ›Seiltechnik‹.«

»Seiltechnik? Klingt interessant«, sagte der junge Mann.

»Sie ist sehr einfach. Sie brauchen sich nur vorzustellen, an Ihrem Kopf sei ein Seil angebracht, und ein Mann stünde über ihnen und zöge das Seil sanft nach oben.«

Der junge Mann probierte es aus und hatte augenblicklich das Gefühl, nicht nur gerader zu stehen, sondern auch größer geworden zu sein.

»Bei dieser Übung haben Sie das Gefühl, sanft emporgehoben und gestreckt zu werden, nicht wahr?« sagte Mr. Greenway.

»Mit dem Erfolg, daß Sie sich wohler fühlen.

Eine weitere, sehr wirksame Technik, bei der wir den Körper benutzen, um unsere Gefühle zu verändern, nennt sich ›verankern‹.«

»Verankern?«

»Ja. Es ist eine sehr einfache, aber enorm wirkungsvolle Methode. Sie erinnert an Pawlows Hund. Vielleicht haben Sie schon einmal von dem Experiment gehört: Jedesmal, wenn Pawlows Hund Futter bekam, läutete eine Glocke. Der Hund verband unbewußt das Läuten der Glocke mit Futter, bis er schließlich allein schon beim Klang der Glocke Speichel bildete. Pawlows Hund hatte unbewußt den Klang der Glocke mit Fressen assoziiert oder verankert. Beim Menschen ist es genauso. Wie fühlen Sie sich, wenn Sie einen Zahnarztbohrer hören? Angespannt? Unbehaglich? Es ist das gleiche wie bei Pawlows Hund. Wir assoziieren das Bohrgeräusch mit Schmerz, Unbehagen und Anspannung.

Oft erzeugen wir unbewußt Anker, die dem Glück im Wege stehen. Ich mache ein Beispiel: Wenn zwei Menschen sich ständig streiten, wird der Tag kommen, an dem sie einander nur zu sehen oder zu hören brauchen, um wütend zu werden.«

»Und was hat das mit Glück zu tun?« fragte der junge Mann.

»Es gibt auch positive Anker. Vielleicht haben Sie schon einmal gesehen, wie Sportler oder Sportlerinnen die Fäuste ballten und ›Ja!‹ schrien, um sich anzufeuern. Diese Geste schenkt uns Selbstvertrauen und Energie. Probieren Sie es aus und sehen Sie selbst.«

»Ist schon gut«, sagte der junge Mann und errötete. »Ich glaube Ihnen auch so.«

»Nicht glauben, versuchen«, forderte Mr. Greenway den jungen Mann auf. »Stehen Sie auf, ballen Sie die Fäuste und schreien Sie ›JA!‹«

Der junge Mann stand auf, ballte die Fäuste und sagte: »Ja.«

»Nein. Sie sollen es nicht sagen, sondern schreien.«

Also wiederholte der junge Mann die Übung. Doch diesmal schrie er. Und zu seiner Verwunderung fühlte er sich sofort energiegeladen.

»Erstaunlich!« sagte er. »Es funktioniert wirklich.«

»Natürlich. Das ist noch besser als gut«, sagte Mr. Greenway. »Sie können Ihre eigenen Anker schaffen, um bestimmte Gefühle zu erzeugen. Ich zeige es Ihnen. Denken Sie an eine Zeit, in der Sie wirklich glücklich waren«, sagte Mr. Greenway.

Der junge Mann ging in Gedanken zehn Jahre zurück, bis zu dem Zeitpunkt, als er sein erstes Arbeitsangebot feierte.

»Versuchen Sie, sich so gut wie möglich daran zu erinnern. Schließen Sie die Augen und erleben Sie es noch einmal. Was sagen Sie? Wie atmen Sie? Versuchen Sie auf alles zu achten«, sagte Mr. Greenway. Der junge Mann stellte sich die Szene vor. Plötzlich spürte er, wie Mr. Greenway seine rechte Schulter berührte. »Denken Sie noch einmal daran«, forderte Mr. Greenway ihn auf. Und wieder berührte er die Schulter des jungen Mannes, als dieser die Erinnerung von seinem geistigen Auge Revue passieren ließ.

»Was tun Sie da?« fragte der junge Mann.

»Keine Angst. Wir müssen es noch ein paarmal tun. Danach werde ich es Ihnen erklären.«

Mr. Greenway wiederholte die Prozedur noch siebenmal. Dann fragte der junge Mann: »Für was ist das gut?«

»Ich habe gerade einen ›Glücksanker‹ für Sie geschaffen«, erwiderte Mr. Greenway lächelnd.

»Was …?« fragte der junge Mann. Da berührte Mr. Greenway seine rechte Schulter, und zu seinem Erstaunen durchströmte den jungen Mann ohne offensichtlichen Grund augenblicklich ein Glücksgefühl.

»Ich habe Ihrem Unterbewußtsein geholfen, Glück mit dem Berühren der rechten Schulter zu assoziieren«, erklärte Mr. Greenway. »Sie sehen, wie einfach es ist, mittels eines ›Ankers‹ ein Glücksgefühl zu erzeugen! Sie brauchen sich nur an eine Zeit zu erinnern, zu der Sie glücklich waren, wirklich glücklich, und dann, wenn die Erinnerung sehr intensiv ist, tun Sie etwas Ungewöhnliches – Sie kneifen sich ins Ohr oder in die Nase, oder pressen Ihr Handgelenk. Es ist egal, was Sie tun, solange es nichts ist, das Sie jeden Tag tun, sondern etwas Ungewöhnliches.«

»Warum?« fragte der junge Mann.

»Nun, es ist wie bei Pawlows Hund. Wenn er die Glocke den ganzen Tag über gehört haben würde, hätte er sie nicht mit Futter assoziiert. Das Tolle ist, daß Sie einen Anker als Auslöser für jede Art von Gefühl schaffen können: Selbstvertrauen, Zuneigung, Leidenschaft … für wirklich jedes Gefühl.«

»Das klingt unglaublich«, sagte der junge Mann. »Wenn ich zum Beispiel selbstsicher sein möchte, brauche ich mich nur an einen Zeitpunkt zu erinnern, zu dem ich selbstsicher war, und eine bestimmte Bewegung auszuführen – zum Beispiel am Ohrläppchen zupfen –, während ich mich daran erinnere, und das mehrmals zu wiederholen. Bis ich dann nur noch an meinem Ohrläppchen zu zupfen brauche, um mich selbstsicher zu fühlen.«

»Genau. Möglicherweise müssen Sie ein wenig üben, um eine vergangene Erfahrung zu visualisieren und sich an etwas Spezielles zu erinnern. Und die Erinnerung muß sehr intensiv sein, bevor Sie den Anker erzeugen. Sie müssen beharrlich sein. Sie werden sehen. Es ist ganz einfach.«

»Das klingt etwas zu simpel.«

»Ich weiß. Aber es funktioniert. Tatsächlich funktioniert es so gut, daß die Werbeleute ständig ›Anker‹ benutzen, um Sie dazu zu bringen, gute Gefühle mit ihren Produkten zu assoziieren.«

»Wie das?« fragte der junge Mann. »Sie können mich doch nicht berühren.«

»›Anker‹ können durch jeden Ihrer Sinne erzeugt werden – Tastsinn, Gehör, Geschmack, Geruchssinn oder durch das Auge. Pawlows Hund war mit dem Glockenton verankert. Erinnern Sie sich noch an das Beispiel von den beiden, die sich ständig streiten, bis sie schließlich schon wütend werden, wenn sie den anderen bloß sehen oder hören?«

»Ja. Ich verstehe, was Sie meinen«, sagte der junge Mann.

»Normalerweise nehmen die Werbeleute einen der großen

Popstars und spielen seine Musik, während sie für ein bestimmtes Produkt werben. Die Menschen fühlen sich wohl, wenn sie die Musik hören oder den Popstar sehen, und recht bald wird dieses Gefühl mit dem Produkt assoziiert. Weshalb, denken Sie, zahlte ein großer Softdrink-Hersteller Michael Jackson über fünfzehn Millionen Dollar, um ihn und seine Musik in seiner Werbung verwenden zu dürfen?

Werbeagenturen benutzen ständig ›Anker‹. Wir können Sie genauso verwenden, aber für unsere Bedürfnisse statt für ihre. Das ist die Macht des Körpers. Aber das ist noch nicht alles. Es gibt noch andere, sehr wirkungsvolle Methoden, durch die unser Körper unsere Gefühle beeinflußt. Zum Beispiel durch die Ernährung.«

»Was hat denn die Ernährung damit zu tun?« fragte der junge Mann.

»Die Nahrung, die wir aufnehmen, beeinflußt unser Befinden. Industriell verarbeitete, zuckerhaltige Nahrung wie Weißbrot, Kuchen und Schokolade beeinflußt zum Beispiel unseren Blutzuckerspiegel und kann Müdigkeit und Gereiztheit verursachen. Und es ist bekannt, daß Kaffee, Tee oder Alkohol Stimulanzien enthalten, die Niedergeschlagenheit hervorrufen. Wie sich gezeigt hat, können auch einige der allgemein üblichen künstlichen Nahrungszusätze Depressionen verursachen. Untersuchungen haben gezeigt, daß Aspartam, einer der gebräuchlichsten künstlichen Süßstoffe, der bei vielen ›zuckerfreien‹ Getränken und Nahrungsmitteln verwendet wird, bei manchen Menschen klinische Depressionen hervorrufen kann.«

»Gibt es denn Nahrungsmittel, die einem helfen, sich wohl zu fühlen?« wollte der junge Mann wissen.

»Nun, medizinische Untersuchungen haben gezeigt, daß Rutin, ein in Buchweizen vorkommendes Bio-Glukosid, vorteilhaft auf unsere Hirnwellen wirkt und helfen kann, Menschen aus einer Depression ›herauszuholen‹.

Wichtig ist vor allem eine nahrhafte Vollwerternährung mit jeder Menge frischem Obst und Gemüse und ganzen Körnern, also braunem Reis, Hafer, Gerste, Hirse sowie Vollkornbrot und Vollkornnudeln. Diese Ernährung hilft, den Blutzuckerspiegel zu regulieren, mindert die Gereiztheit und wirkt dem Streß entgegen.«

Der junge Mann dachte an all die Fertigmenüs, die er bislang gegessen hatte. Diese TV-Menüs konnte man kaum als frisch bezeichnen. Vielleicht hatten sie zu seiner allgemeinen Lethargie und dem Unglücklichsein beigetragen.

»Doch einer der am meisten vernachlässigten Aspekte auf dem Gebiet des emotionalen Wohlbefindens«, fuhr Mr. Greenway fort, »ist das natürliche Tageslicht.«

»Das natürliche Tageslicht?« wiederholte der junge Mann,

während er sich Notizen machte. »Wir bekommen doch alle natürliches Tageslicht, oder nicht?«

»Oft leider nicht. Viele Menschen arbeiten in Fabriken oder Büros, die keine oder nur gefärbte Fenster haben, damit das Sonnenlicht nicht hereinkommt. Im Winter, wenn die Tage um einiges kürzer sind als im Sommer, ist es besonders schlimm. Tatsächlich ist Depression als Folge von Tageslichtmangel heute eine allgemein bekannte Krankheit. Sie heißt SAD, das steht für Seasonal Affective Disorder, also jahreszeitlich bedingte Gemütskrankheit. Deshalb werden in den Wintermonaten auch mehr Selbstmorde verübt als im Sommer.«

»Und was kann man dagegen tun?«

»Entweder, Sie setzen sich täglich wenigstens eine Stunde lang dem natürlichen Tageslicht aus, oder – falls das nicht möglich ist – Sie verwenden Lampen, die natürliches Tageslicht ausstrahlen.«

»Phantastisch«, sagte der junge Mann. »Ich wußte gar nicht, wie stark der Körper unser Befinden beeinflußt. Warum sind sich die Menschen dessen nicht bewußt?«

»Deshalb werden sie ›Geheimnisse‹ genannt«, sagte Mr. Greenway. »Ich denke, tief im Innern ›wissen‹ wir alle, wie wir unseren Körper benutzen, wie wir glücklich sein können. Glücklichsein ist der natürlichste Zustand von der Welt. Doch das Leben in der modernen Welt hat uns die Geheimnisse vergessen lassen, und manchmal müssen wir daran erinnert werden.

Nachdem ich davon erfahren hatte, probierte ich es aus und versuchte die Übungen in meinen Alltag zu integrieren. Ich machte jeden Morgen vor der Arbeit einen flotten Spaziergang, war mir meiner Haltung bewußt, begann vernünftig zu essen – viel frisches Obst und Gemüse, Hülsenfrüchte, Nudeln, Reis und Kartoffeln, und versuchte, jeden Tag eine Stunde draußen zu verbringen.

Das Ergebnis war unglaublich. Nach einer Woche war ich so überrascht über den Unterschied in meinem Befinden, daß ich beschloß, dieses Wissen mit anderen zu teilen. Ich beschäftigte mich mit Physiotherapie und Fitneß. Zu Anfang arbeitete ich an einigen Abenden in der Woche und am Wochenende.

Nach wenigen Monaten hatte ich so viel zu tun, daß ich daraus eine Ganztagsbeschäftigung machen konnte. Es ist unglaublich, um wieviel wohler man sich fühlt, wenn man wirklich an seine Arbeit glaubt und sie genießt. Ich würde es eigentlich nicht Arbeit nennen. Eher Spaß.«

»Und das alles verdanken Sie jenem Hausmeister«, sagte der junge Mann.

»Ja. Genau. Wochen später versuchte ich mit ihm Verbindung

aufzunehmen, um ihm für die Hilfe zu danken. Aber keiner hatte jemals von ihm gehört.«

»Lassen Sie mich raten«, sagte der junge Mann. »Der Hausmeister war ein alter Chinese?«

Mr. Greenway lächelte. »Wer sonst?«

Zu Hause angekommen, setzte sich der junge Mann hin, um seine Notizen zu lesen.

DAS ZWEITE GEHEIMNIS DES GLÜCKS – DIE KRAFT DES KÖRPERS

Bewegung beeinflußt das Gefühl.

Training lindert Streß und löst eine chemische Reaktion aus, die unser Wohlbefinden steigert.

Trainiere regelmäßig – falls möglich, täglich – mindestens dreißig Minuten lang.

Meine Haltung beeinflußt meine Gefühle. Eine gerade Haltung erzeugt gute Laune.

Glücksgefühle können bewußt jederzeit durch einen »Anker« ausgelöst werden.

Die Nahrung, die wir zu uns nehmen, beeinflußt

unser Befinden. Vermeide Beruhigungsmittel wie Kaffee, Tee, Alkohol, zuckerhaltige Nahrung und künstliche Zusatzstoffe. Iß viel frisches Obst und Gemüse, ganze Körner und Hülsenfrüchte.

Der Mangel an natürlichem Tageslicht kann zu Niedergeschlagenheit führen. Halte dich täglich mindestens eine Stunde im Freien auf.

Das dritte Geheimnis
DIE KRAFT DES AUGENBLICKS

»ES GESCHAH VOR rund zwanzig Jahren. Bei der Arbeit lief es nicht so gut, und auch zu Hause gab es Schwierigkeiten. Eines Tages, es war gegen sechzehn Uhr, eilte ich die Hauptstraße hinauf Richtung Zentrum. Ich war wegen einer Präsentation auf dem Weg zu einem unserer größten Klienten. Plötzlich hörte ich eine Hupe. Eine Frau schrie. Ich schaute auf und sah einen riesigen Laster genau auf mich zukommen. Alles schien in Zeitlupe abzulaufen. Ich stand einfach nur da, benommen vor Angst, während das Ungetüm auf mich zuraste. Ich glaubte, das Ende sei gekommen und alles wäre vorbei. Doch im letzten Augenblick packte mich jemand und riß mich zurück. Es war knapp gewesen, sehr knapp. Ich spürte, wie der Laster meinen Mantel streifte. Einen Zentimeter näher, und ich wäre zu Boden gerissen und zweifellos getötet worden. Ich wandte den Kopf, um mir meinen Retter anzuschauen. Da stand er: ein kleiner, alter Chinese.«
Tony Brown, Mitte Vierzig, war ein erfolgreicher freier Foto-

graf, dessen Fotografien regelmäßig in den nationalen Zeitungen und Magazinen erschienen. Der junge Mann hatte sich mit ihm in dessen Studio im Stadtzentrum verabredet.

»Durch den Zwischenfall leicht mitgenommen, setzte ich mich auf eine Bank in der Nähe«, fuhr Mr. Brown fort. »Der alte Chinese folgte mir, setzte sich neben mich und fragte, ob mit mir alles in Ordnung sei. Ich erklärte ihm, es ginge mir gut. ›Das war knapp‹, sagte er. ›Ich weiß. Danke‹, erwiderte ich. ›Sie haben mir das Leben gerettet.‹ Ich erklärte ihm, ich habe an etwas anderes gedacht, als ich auf die Straße getreten sei. Da sagte er etwas, das mich nachdenklich stimmte: ›In meinem Land gibt es ein Sprichwort: Der einzige Platz zu leben ist hier, die einzige Zeit zu leben ist jetzt!‹«

Wir unterhielten uns nur wenige Minuten lang. Kurz bevor er ging, gab er mir ein Stück Papier.«

»Auf dem zehn Namen und zehn Telefonnummern standen«, unterbrach ihn der junge Mann.

»Genau«, erwiderte Mr. Brown mit einem Lächeln. »Und so lernte ich die Geheimnisse des Glücks kennen.«

»Und welchen Nutzen haben Sie daraus gezogen?« fragte der junge Mann.

»Sie lehrten mich, Glück zu erschaffen. Ein Geheimnis beeindruckte mich besonders, vielleicht, weil ich noch nie darüber nachgedacht hatte. Es war die Macht des Augenblicks.«

»Wie kann ein Augenblick Macht oder das Geheimnis des Glücks enthalten?« wollte der junge Mann wissen.

»Das Geheimnis liegt nicht im Augenblick, sondern darin, *im Augenblick zu leben*«, sagte Mr. Brown. »Glück kann nicht in Jahren, Monaten, Wochen oder Tagen gefunden werden. Man findet es nur, wenn man im Augenblick lebt.«

»Was meinen Sie damit?« fragte der junge Mann verwirrt.

»Haben Sie nicht gesagt, wir könnten nur einen Augenblick lang glücklich sein?«

»Nein. Ich habe gesagt, daß man Glück nur von Augenblick zu Augenblick erleben kann. Was sehen Sie, wenn Sie sich diese Fotos anschauen?« fragte Mr. Brown unvermittelt.

Der junge Mann studierte die Fotos, die neben ihm an der Wand hingen. Auf jedem Foto war eine bestimmte Stimmung eingefangen. Er sah eine junge Mutter, die ihr Kind wiegte, einen Vater, der mit seinem Sohn Ball spielte und lachte, zwei ältere Menschen, die sich umarmten, zwei Freunde auf dem Flughafen, die weinten, und Kinder, die auf einem Schulhof spielten.

Schließlich sagte der junge Mann: »Die Fotos sind ungeheuer intensiv. Voller Gefühl. Sie sind sehr gut.«

»Danke«, sagte Mr. Brown. »Genau diese Gefühle versuche ich einzufangen. Das macht die Schönheit der Fotografien aus, es sind Zeugnisse eines Augenblicks. Eines Augenblicks, der sich nie wiederholen wird, des Bruchteils einer Sekunde, in der wir ein Gefühl erleben.

Haben Sie jemals darüber nachgedacht, wie sehr Menschen Dinge wie Fernseher, Computer, Autos, Geld, Kleidung und Schmuck wertschätzen ... Dinge, die leicht ersetzt werden können? Aber die Zeit ist etwas, das nicht ersetzt werden kann, und dennoch halten wir sie für wertlos. Dabei ist Zeit die wertvollste Ressource, die wir haben. Und doch neigen wir dazu, sie durch ›Zeitvertrieb‹ zu verschwenden. Über die Vergangenheit nachzudenken oder uns wegen der Zukunft Sorgen zu machen, beraubt uns der Gegenwart. Und die Gegenwart – das Hier und Jetzt – ist alles, was wir haben und jemals haben werden.«

»Ich weiß nicht, ob ich Sie richtig verstanden habe«, sagte der junge Mann.

»Versuchen Sie einmal, sich an glückliche Zeiten zu erinnern. Was fällt Ihnen ein?« fragte Mr. Brown.

»Einen Augenblick ...«, sagte der junge Mann und schaute beiseite. Er dachte an seinen fünften Geburtstag, als sein Vater noch gelebt hatte. Dachte an die Familienfeste am Meer, an den Universitätsabschluß ...

»Wie erinnern Sie sich an diese Zeiten?« fragte Mr. Brown.

»Sind es Jahre, Monate, Wochen, Tage oder Augenblicke?«

»Ich weiß nicht«, antwortete der junge Mann.

»Nun, denken Sie an ein außergewöhnlich glückliches Ereignis.«

»Gut. Die Feier meines fünften Geburtstages.«

»Wann genau waren Sie glücklich?«

»Kurz vor der Feier. Ich weiß noch, wie meine Mutter mich umarmte und mir ins Ohr flüsterte: ›Du bist mein lieber Junge. Ich liebe dich!‹ Manchmal, wenn ich die Augen schließe, kann ich sie noch hören.«

»Ausgezeichnet!« sagte Mr. Brown, zufrieden, einen Beweis in der Hand zu haben, der seine Behauptung bestätigte. »Wie Sie sehen, war es ein Augenblick. Alle Kinder leben im Augenblick. Stellen Sie sich vor, was geschehen wäre, wenn Sie damals an Ihre Schulaufgaben gedacht hätten? Vielleicht hätten Sie die Worte Ihrer Mutter gar nicht gehört. Sie hätten das Glücksgefühl verpaßt. Und auch Ihre Mutter wäre des Glücksgefühls verlustig gegangen, das Ihre Reaktion ihr zweifellos eingeflößt hat.«

»Ich verstehe«, sagte der junge Mann.

»All unsere Erinnerungen bestehen aus Augenblicken, in denen wir etwas sahen, hörten oder fühlten. Wir erinnern uns nicht an Jahre oder Monate oder Tage, nur an Augenblicke. Also können wir unser Leben nur dann ausschöpfen, wenn wir den Augenblick voll ausschöpfen. Ist der Augenblick ungewöhnlich und märchenhaft, wird das Leben ungewöhnlich und märchenhaft werden. Das Geheimnis besteht darin, diese Augenblicke zu sammeln. So viele wie möglich. Denn es wird keine anderen mehr geben. Also ist es nur sinnvoll, das beste daraus zu machen. Denken Sie stets daran: Mag das Leben in diesem Augenblick auch nicht gerade das sein, wovon Sie immer geträumt haben – es ist im Moment alles, was Sie haben. ›Also, warum sich nicht eine Blume ins Knopfloch stecken und glücklich sein?‹ wie ein weiser Mann es einmal ausdrückte.«

Der junge Mann dachte an die Geschichte, die Mr. Kesterman ihm erzählt hatte. Die Geschichte des Mannes, der trotz seiner unheilbaren Krankheit fröhlich blieb, weil er für jeden Tag, den er lebte, dankbar war. Der Sterbende mußte um die Macht des Lebens im Augenblick wissen. Indem er Augenblick für Augenblick lebte, Tag für Tag, war es ihm möglich gewesen, trotz seiner Krankheit glücklich zu sein.

»Von Tag zu Tag zu leben, ist nicht leicht«, fuhr Mr. Brown fort, »aber von einem Augenblick zum nächsten zu leben, ist einfach. Alles ist einfach, wenn es aus Einzelschritten besteht. Wenn Sie im Augenblick leben, haben Sie keine Zeit für Bedauern, für Sorgen. Sie haben nur das, was vor Ihnen liegt.«

Der junge Mann war immer noch verwirrt. »Und wie schöpft man den Augenblick voll aus?« fragte er.

»Indem Sie bewußt leben«, erwiderte Mr. Brown. »Oder wie

Dante sagte: ›Bedenke, daß dieser Tag niemals wieder anbrechen wird!‹

Wenn Sie nicht merken, daß jemand Ihnen einen Apfel anbietet, werden Sie ihn nicht nehmen. Es ist wie bei einem hochrangigen Tennisspieler in einem Meisterschaftsturnier, der während der Eröffnungsrunde gegen einen unbedeutenden Spieler bereits an seinen Finalgegner denkt und deshalb einen Fehler macht, durch den er einen Punkt verliert. Er spielt den Aufschlag noch einmal im Kopf durch und kann sich deshalb nicht auf den nächsten konzentrieren. Woraus sich folgerichtig ein weiterer Fehler ergibt. Wieder beschimpft er sich wegen des unnötigen Punktverlustes und wird wütend. Dann denkt er: ›Was, wenn ich das Spiel verliere?‹ Überflüssig zu sagen, daß die Sorge um etwas, das noch nicht eingetreten ist, ihn von der Konzentration auf den gegenwärtigen Aufschlag abhält. Und so verliert er einen weiteren Punkt. Und dann ist das Spiel vorbei.

Genau so ist es im Leben. Wir grübeln über die Vergangenheit nach, sorgen uns wegen der Zukunft und können deshalb der Gegenwart niemals die volle Aufmerksamkeit zollen. Wir bedauern Dinge, die wir getan haben, und fürchten uns vor Dingen, die noch nicht eingetroffen sind. Wenn Sie nicht im Augenblick leben, können Sie das Spiel des Lebens nicht gewinnen.«

Der junge Mann hob eine Augenbraue. Obwohl es offenkundig schien, hatte er noch nie auf diese Art über die Bedeutung der Zeit nachgedacht.

»Wenn wir glücklich sein wollen«, fuhr Mr. Brown fort, »müssen wir lernen, das zu schätzen, was wir haben. Und wir haben nur das Hier und Jetzt. Die Entscheidungen von heute sind die Wirklichkeiten von morgen. Wir müssen lernen, die Dinge so zu nehmen, wie sie kommen, und sie wieder loszulassen. Thomas Carlyle schrieb einmal: ›Unsere wichtigste Aufgabe besteht nicht darin, zu erkennen, was verschwommen in der Ferne ist, sondern das zu tun, was klar vor Augen liegt.‹ Wenn wir uns auf die ferne Zukunft konzentrieren, können wir leicht niedergeschlagen werden. Viele Menschen verbringen ihre Zeit damit, sich über Dinge zu sorgen, die niemals eingetroffen sind und wahrscheinlich nie eintreffen werden. Der französische Philosoph Montaigne schrieb: ›Mein Leben war erfüllt von schrecklichen Unglücksfällen…, von denen die meisten niemals eintrafen.‹ Das ist einer der Gründe dafür, daß so viele Menschen durch Sorge und Streß niedergedrückt werden – für sie ist das Heute das Morgen, über das sie sich gestern sorgten! Im Augenblick zu leben läßt keinen Platz für Bedauern über die Vergangenheit oder Angst vor der Zukunft. Statt sich der Zukunft oder der Vergangenheit zuzuwenden, konzentriert man sich auf die Gegenwart.

Deshalb ist das Leben im Augenblick – einen Augenblick nach dem anderen zu leben – eine der besten Methoden, um Sorgen und Angst zu überwinden.

Die meisten Religionen vertreten diese Philosophie. Als man Jesus fragte, wie man beten solle, zitierte er einen Teil des ›Vaterunser‹: ›Unser tägliches Brot gib uns *heute*.‹ Nicht das Brot für morgen oder nächste Woche oder das nächste Jahr – nur das Brot für heute. Viele Menschen überleben persönliche Tragödien nur, weil sie einen Tag nach dem anderen leben. Und wenn diese Philosophie uns durch schlimme Zeiten hilft, wieviel besser kann sie uns in guten helfen! Deshalb heißt es auch, daß für einen weisen Menschen jeder Tag ein neuer Anfang ist. Ich halte mich daran«, sagte Mr. Brown, nahm eine Plakette von der Wand und gab sie dem jungen Mann. »Ich lese es jeden Tag, um mich an diese Weisheit zu erinnern und sicherzustellen, daß ich im Augenblick lebe. Es hilft mir, aus jedem Tag und damit aus meinem Leben das Beste zu machen.«

Auf der Plakette stand die Übersetzung eines indianischen Gedichtes mit dem Titel *Begrüßung des anbrechenden Tages*.

Betrachte diesen Tag!
Denn er ist Leben, das Leben des Lebens selbst.
In seiner kurzen Dauer

liegen alle Wahrheiten und Wirklichkeiten deiner
Existenz:
Die Freude des Wachsens,
Der Ruhm der Tat,
Der Glanz der Schönheit.

Denn das Gestern ist nur ein Traum
und das Morgen nur eine Vision.
Doch wenn du heute richtig gelebt hast, wird
jedes Gestern
zu einem Traum des Glücks
und jeder Morgen zu einer Vision der Hoffnung.

Also schaue dir diesen Tag genau an! Dies ist die
Begrüßung des anbrechenden Tages.

Kalidasa

»Probieren Sie es aus!« sagte Mr. Brown. »Konzentrieren Sie
sich für den Rest des Tages nur auf das, was Sie gerade tun,
statt auf das, was Sie getan haben oder tun werden.«
»Ich glaube, jetzt verstehe ich Sie«, sagte der junge Mann.
»Aber was ist mit der Sorge um die Zukunft?«
»Nur durch das Leben im Augenblick können wir die Zukunft erschaffen, die wir uns wünschen. Jeder Augenblick

bietet uns Möglichkeiten, die unser Schicksal gestalten werden. Der Gedanke ist die Saat der Tat; die Tat erzeugt Gewohnheit; Gewohnheiten formen das Wesen, und unser Wesen bestimmt unser Schicksal.

Die Wahl, die wir in einem Augenblick treffen, bestimmt, was wir im nächsten sein werden. Unsere augenblicklichen Entscheidungen und Handlungen schaffen unsere Zukunft. Bei der Unterhaltung mit anderen stellt man sehr oft fest, daß sie allzu oft in der Vergangenheit oder in der Zukunft leben – in anderen Zeiten, an anderen Orten – statt das Beste aus dem zu machen, was sie hier und jetzt haben. Genauso erging es mir. Die Tatsache, daß ich oft über vergangene oder zukünftige statt über naheliegende Dinge nachdachte, hätte mich fast getötet. Wenn man nicht im Augenblick lebt, muß man zwar nicht gleich von einem Lastwagen überfahren werden, aber man übersieht die meisten der Erfahrungen und Möglichkeiten, die sich einem zeigen.«

»Wollen Sie damit sagen, daß man nicht vorausplanen soll?« fragte der junge Mann.

»Überhaupt nicht. Es ist wichtig, daß wir planen, bevor wir handeln. Aber planen Sie nicht eine Sache, während Sie eine andere tun. Und tun Sie nichts, während Sie etwas anderes planen. Was Sie auch denken oder tun mögen, konzentrieren Sie sich darauf; machen Sie immer nur einen Schritt nach dem anderen. Wenn Sie sich mit jemandem unterhalten, schenken Sie ihm Ihre ganze Aufmerksamkeit. Konzentrieren Sie sich bei Ihrem Job auf die vor Ihnen liegende Arbeit und machen Sie nicht den gleichen Fehler wie ich.«

»Welchen?« fragte der junge Mann.

»Nicht auf den Verkehr zu achten, wenn Sie eine Straße überqueren! Sobald Sie im Augenblick leben, verringern sich Ihre Angst und Niedergeschlagenheit, verbessert sich Ihre Arbeitsleistung, vergrößert sich Ihr Freundeskreis. Kurz: Ihr Leben wird bereichert. Das ist die Macht des Lebens im Augenblick.«

Während des restlichen Tages versuchte der junge Mann, auf das zu achten, was er tat. Es war nicht leicht, die Gedanken am Umherschweifen zu hindern, doch es gelang ihm meistens, sich auf das zu konzentrieren, was er gerade tat. Und es bestand kein Zweifel daran, daß es ihm zum Vorteil gereichte. Statt sich über die noch nicht erledigte Arbeit auf seinem Schreibtisch zu ärgern, nahm er sich einen Brief nach dem anderen vor. Und zum ersten Mal seit seiner Einstellung vor drei Jahren war der »Noch-zu-bearbeiten«-Korb am Ende des Arbeitstages leer. Bei Gesprächen schenkte er seinen Arbeitskollegen die volle Aufmerksamkeit und war überrascht, als einer sagte: »Danke fürs Zuhören. Sie haben mir sehr geholfen.« Das tat gut.

Am Abend dann, nach dem Essen, befaßte der junge Mann sich mit den Notizen, die er sich bei dem Treffen mit Mr. Brown gemacht hatte.

Das dritte Geheimnis des Glücks – Die Kraft des Lebens im Augenblick

Glück findet man nicht in Jahren, Monaten, Wochen oder Tagen, sondern in jedem Augenblick.

Wir schöpfen unser Leben nur dann ganz aus, wenn wir jeden Augenblick ganz ausschöpfen.

Erinnerungen gelten bestimmten, außergewöhnlichen Momenten – sammele davon so viele wie möglich.

Das Leben im Augenblick verhindert Reue, überwindet Angst und mindert den Streß.

Betrachte jeden neuen Tag wie einen Neuanfang, ein neues Leben.

Das vierte Geheimnis

DIE KRAFT DES SELBSTBILDES

MIT DER NÄCHSTEN Person auf seiner Liste konnte der junge Mann sich erst in der folgende Woche treffen. Ruth Moses hatte ihm erklärt, es stünde eine Studienreise für ihr Examen in Archäologie an, sie sei aber gern bereit, sich nach ihrer Heimkehr mit ihm zu treffen.

Als der junge Mann an Ruth Moses' Wohnungstür klingelte, öffnete ihm eine frisch aussehende ältere Frau in Jeans und einem pinkfarbenen Sweatshirt.

»Hallo«, sagte er. »Ich möchte zu Ruth Moses.«

»Hallo«, erwiderte die Lady lächelnd. »Kommen Sie bitte herein.«

Die alte Dame führte den jungen Mann ins Wohnzimmer. »Machen Sie es sich bequem«, sagte sie. »Das Wasser im Kessel kocht gerade. Möchten Sie Tee? Ich habe Earl Grey, Früchtetee, Orangenblütentee, Kamillentee, Pfefferminztee. Und koffeinfreien Kaffee.«

»Einen Pfefferminztee, bitte«, antwortete der junge Mann.

Kurze Zeit später kam die alte Lady mit einem Tablett zurück, auf dem eine Kanne mit kochend heißem Wasser, zwei Becher, eine Auswahl an Kräutertees, ein Glas Honig und ein Teller mit selbstgemachten Keksen standen. Sie setzte sich dem jungen Mann gegenüber und bereitete den Tee zu.

»Ich muß schon sagen«, begann sie, »Ihr Anruf hat mich sehr neugierig gemacht. Können Sie mir die Geschichte noch einmal erzählen?«

Der junge Mann schaute sie verwirrt an. »Entschuldigung ... sind Sie Ruth Moses?«

»Aber ja.« Die alte Lady lächelte breit. »Für wen hielten Sie mich denn?«

»Mhhh ... ich, ich weiß nicht ... aber sagten Sie am Telefon nicht, Sie seien Studentin?«

»Das bin ich auch. Im Augenblick mache ich die Zwischenprüfung in Archäologie. Und wenn nichts dazwischen kommt, mache ich nächstes Jahr meinen Magister. Möchten Sie Honig in den Tee?«

»Nein, danke.«

Sie reichte ihm einen Becher Tee und bot ihm Kekse an.

»Ist das Ihr Ernst?« fragte der junge Mann.

»Was?«

»Sind Sie wirklich Studentin?«

Mrs. Moses lächelte. »Aber ja.«

»Nun … äh … verzeihen Sie«, sagte der junge Mann und versuchte, nicht beleidigend zu klingen. »Es ist nur, ich hatte nach unserem Telefonat eine junge Studentin erwartet.«

»Ich bin eine junge Studentin«, erwiderte Mrs. Moses mit einem schelmischen Grinsen. »Zweiundachtzig Jahre jung, um genau zu sein!«

Der junge Mann lächelte. »Ich gebe mich geschlagen«, sagte er.

»Und wie kann ich Ihnen helfen?« fragte Mrs. Moses.

Der junge Mann berichtete ihr von dem Treffen mit dem alten Chinesen.

»Werfen Sie einen Blick darauf.« Mrs. Moses gab dem jungen Mann ein Foto.

»Wer ist das?« fragte der junge Mann, als er das Schwarzweißfoto einer alten, verhärmt wirkenden Dame betrachtete, die sich auf einen Spazierstock stützte. »Ihre Mutter?«

»Nein. Das bin ich, oder besser gesagt, das war ich … vor zwanzig Jahren.«

Der junge Mann schaute sich das Foto genauer an. Ihm fiel eine gewisse Ähnlichkeit im Knochenbau, im Haaransatz und in der Form des Mundes auf, aber sonst verriet nichts, daß die Dame auf dem Foto mit der Frau identisch war, die ihm gegenübersaß.

»Sieht so aus, als wären Sie jünger geworden, nachdem dieses

Foto gemacht wurde. Was ist geschehen? Wie haben Sie das geschafft?«

»Ich traf jemanden, der mein Leben veränderte … einen alten Chinesen! Kurz nach meiner Pensionierung vor rund zwanzig Jahren fühlte ich mich zum ersten Mal alt. Ich konnte nachts nur schwer einschlafen und war tagsüber müde. Ich konnte mich kaum noch konzentrieren, und auch mein Erinnerungsvermögen ließ nach. Meine Glieder fühlten sich steif und schwer an. Wie Sie sich vielleicht vorstellen können, fühlte ich mich erbärmlich. Doch das änderte sich von einem Tag auf den nächsten. Es geschah, als ich auf den Bus wartete. Neben mir stand ein alter Chinese mit einem Rucksack.

Er lächelte mich an. Ich lächelte zurück. Wir kamen ins Gespräch. Er erklärte, er mache eine Weltreise. Ich wollte es nicht glauben. Woher nahm ein Mann in seinem Alter die Kraft und die Energie, mit einem Rucksack um die Welt zu reisen? Ich fragte ihn. Er lachte. ›Jeder ist so alt, wie er sich fühlt.‹

Wir sprachen über das Leben nach dem sechzigsten Geburtstag. Und wo ich nur Probleme und Schwierigkeiten erblickte, sah er Vorteile und Gelegenheiten. ›Mit zunehmendem Alter kommen Erfahrung und Weisheit‹, sagte er. Dann stellte er mir eine Frage, über die ich noch nie nachgedacht hatte: ›Warum soll das Leben im Alter weniger befriedigend sein?

Wenn überhaupt‹, erklärte er, ›sollte es besser sein, weil wir mehr Übung darin haben!‹«

Bei meinem Gespräch mit dem Chinesen wurde mir zum ersten Mal bewußt, was die Redensart: ›Man ist das, wofür man sich hält‹ wirklich bedeutet. Nicht das Alter, sondern der Verstand bewirkt, daß wir uns alt vorkommen. Ich genoß die Unterhaltung mit dem alten Chinesen so sehr, daß ich mindestens vier Busse vorüberfahren ließ. Ich war von den zehn Geheimnissen des Glücks fasziniert. Geheimnisse, durch die jeder Mensch, egal, wie alt er ist, welcher Religion er angehört, welche Hautfarbe er hat, in seinem Leben Glück erleben kann. Die Geheimnisse schenkten mir neuen Lebensmut. Es war, als wäre ich neu geboren worden, als gäbe es kein Schwarz und Weiß mehr, sondern nur noch wunderschöne, leuchtende Farben. Aber natürlich hatte sich nichts geändert – nur ich selbst. Für mich sollte die Macht des Selbstbildes das wichtigste Geheimnis sein.«

»Des Selbstbildes?« fragte der junge Mann.

»Ja. Damit ist das Bild gemeint, daß Sie von sich selbst haben; die Überzeugungen, die Sie in bezug auf sich selbst verinnerlicht haben. Viele Menschen sind mit ihrem Leben unter anderem deshalb unzufrieden, weil sie mit sich selbst unzufrieden sind. Können Sie sich vorstellen, daß manche Menschen sich selbst tief im Inneren nicht mögen? Viele Menschen wachsen mit Komplexen auf, oft ihren Körper betreffend, etwa: ›Meine Nase ist zu groß‹, oder: ›Ich bin häßlich‹, oder: ›Ich bin zu jung‹, oder: ›Ich bin zu alt‹. Oder sie haben Komplexe, weil sie sich für weniger klug als andere halten. Manche denken, mit ihrem Wesen stimme etwas nicht: ›Ich habe keinen Humor‹, oder: ›Ich bin langweilig‹. Was immer auch der Grund für die Komplexe sein mag – wenn Sie nicht mit sich selbst zufrieden sind, wie können Sie dann mit dem Leben zufrieden sein?«

Der junge Mann dachte an seine Komplexe, derer nicht wenige waren. »Woher kommen diese Komplexe?« fragte er.

»Aus unseren Erfahrungen. Meistens aus unserer Kindheit. Ich weiß noch, wie ein Mann mir erklärte: ›Als ich erwachsen war, redete ich wie mein Vater, bewegte mich wie mein Vater, hatte die gleichen Meinungen wie mein Vater – und ich verachtete meinen Vater, wie meine Mutter es tat.

Der erste Eindruck von uns selbst wird natürlich im frühen Kindesalter geformt. Wir wissen nicht, wer oder was wir sind oder was wir sein sollten, doch wir lernen von den Menschen in unserer Umgebung, von denen, die älter und weiser und uns vermutlich wohlgesonnen sind.

Ein Beispiel: Der kleine Jimmy kommt mit seinem schlechten Schulzeugnis nach Hause. Er fragt sich: ›Warum ist das Zeugnis so schlecht? Vielleicht, weil ich zuviel fernsehe, oder weil ich nicht genug gelernt habe. Vielleicht bin ich dumm oder einfach nur faul.‹ Er gibt das Zeugnis seinem Vater. Der Vater schaut es sich an und findet weder Einser noch Zweier, sondern nur Vierer und Fünfer. Er sagt zu seinem Sohn: ›Nun, eines ist offensichtlich – du hast nicht gemogelt!‹ Doch als er es genauer studiert und die Anmerkungen des Lehrers liest, wird er wütend: »Das Problem mit dir ist, Jimmy, daß du nicht genug für die Schule tust. Du bist faul und dumm!‹

Jetzt zweifelt Jimmy nicht mehr, jetzt *weiß* er, daß er faul und dumm ist. Und dieses Wissen schleppt er ein Leben lang mit sich herum. Vor jeder Herausforderung sagt er sich: ›Das kann ich nicht, weil ich dumm und faul bin.‹ Folglich meidet er Herausforderungen. Er fühlt sich minderwertig und ärgert sich darüber, daß er so ist wie er ist.«

»Und wie kann man diese Komplexe, diese negativen Überzeugungen, loswerden?« fragte der junge Mann.

»Eine gute Frage. Als erstes sollten wir uns eine der wichtigsten Fragen stellen: ›Wer oder was bin ich?‹«

»Warum?«

»Weil die Antwort uns dabei helfen wird zu erkennen, wie außergewöhnlich wir sind. Wußten Sie zum Beispiel, daß die Chance, daß Sie geboren wurden, selbst nachdem sich Ihre Eltern gesucht und gefunden hatten, nur 1 : 300 000 Milliarden stand? Statt Ihrer hätten 300 000 Milliarden völlig andere

Menschen geboren werden können. Aber Sie haben es geschafft. Aber nicht nur das. In der Weltgeschichte hat es niemals einen Menschen gegeben, der genau wie Sie war, und es wird auch in Zukunft keinen geben.

Als nächstes sollten wir uns fragen: ›Was denke ich von mir?‹«

»Zum Beispiel: ›Ich bin häßlich oder dumm?‹« fragte der junge Mann.

»Ja. Und dann sollten Sie überlegen, woher Sie wissen, daß das stimmt. Weil jemand etwas gesagt oder getan hat? Oder wissen Sie, daß es tatsächlich so ist? Unser Selbstbild hängt oft von anderen ab. Unsere Mitmenschen sind Spiegel unserer selbst. Ich möchte Ihnen etwas zeigen.«

Mrs. Moses holte ein paar Spiegel aus der Schreibtischschublade. Sie hielt der Reihe nach jeden einzelnen hoch, damit der junge Mann hineinschauen konnte. Es waren gebogene und gekrümmte – Miniaturen jener Spiegel, die man oft auf Jahrmärkten sieht. Der junge Mann erkannte sich in keinem von ihnen wieder. In einem hatte er einen ein Meter langen Kopf, im anderen wurden seine Ohren zu Flügeln, im dritten sah er aus wie der dickste Mann der Welt. Der junge Mann lachte über seine Spiegelbilder.

»Und welches Spiegelbild sieht Ihnen ähnlich?« fragte Mrs. Moses.

»Keines«, erwiderte der junge Mann.

»Woher wollen Sie das wissen?«

»Weil es Zerrspiegel sind. Sie zeigen nicht das wahre Bild.«

»Stimmt. Aber was wäre geschehen, wenn Sie niemals Ihr wahres Spiegelbild gesehen hätten? Sie wären vermutlich entsetzt gewesen. Zum Glück wissen Sie wie Sie aussehen, da Sie sich schon einmal in einem normalen Spiegel gesehen haben. Aber haben Sie je ein wahres, unverfälschtes Bild Ihrer psychischen Person gesehen? Wir haben Spiegel, die uns zeigen, wie unser Äußeres aussieht, aber es gibt noch keine Spiegel, die unser Inneres reflektieren. Um herauszufinden, wie wir innerlich aussehen, sind wir auf die Reaktionen unserer Mitmenschen angewiesen. Wenn man Ihnen sagt, Sie seien egoistisch, halten Sie sich vielleicht für egoistisch. Wenn jemand Sie für dumm erklärt, könnten Sie es glauben. Unsere Mitmenschen sind unsere Spiegel, aber es sind Zerrspiegel. Sie tragen ihre eigenen Vorurteile mit sich herum, die ihr Bild von Ihnen verzerren.

Der größte Fehler, den man machen kann, ist, mit Hilfe anderer Menschen herausfinden zu wollen, wer man wirklich ist. Wenn der Vater, die Mutter oder der Lehrer zu einem Kind sagen: ›Du bist ungezogen‹, oder: ›Du bist egoistisch‹ oder ›faul‹ oder ›dumm‹, dann erzeugen sie ein negatives und falsches Selbstbild im Kind. Vielleicht hat das Kind etwas getan oder gesagt, das ungezogen, egoistisch oder dumm war. Aber dabei handelte es sich um das Verhalten des Kindes, nicht um das Kind selbst. Ein feiner, aber wichtiger Unterschied, der Unterschied zwischen ›Du bist ein ungezogenes Mädchen‹ und: ›Es ist ungezogen, Saft über den Teppich zu gießen.‹«

»Aber ist das nicht das gleiche?« fragte der junge Mann.

»Haben Sie jemals etwas getan, das Sie später bedauerten? Haben Sie jemals einen dummen Fehler gemacht oder etwas Törichtes getan?«

Der junge Mann nickte. »Tut das nicht jeder?«

»Ja. Aber daß Ihnen dieser dumme Fehler unterlaufen ist, bedeutet noch lange nicht, daß Sie dumm sind.«

»Verstehe«, sagte der junge Mann.

»Viele Menschen bringen das Verhalten und die Person durcheinander. Was zur Folge hat, daß wir ein negatives Selbstbild entwickeln, das nicht unbedingt richtig sein muß, das wir aber ein Leben lang mit uns herumschleppen.«

Der junge Mann machte sich Notizen. »Nun, ich weiß jetzt, wie wir negative Meinungen über uns selbst entwickeln«, sagte er. »Ich hätte nun gern gewußt, wie wir sie loswerden können.«

»Der erste Schritt besteht darin, den Ursprung der negativen Überzeugung ausfindig zu machen«, erwiderte Mrs. Moses. »Manchmal braucht man nur die Quelle zu kennen, um das Problem zu lösen. Aber viele Überzeugungen sind so tief in unserer Psyche verwurzelt, daß mehr als die Kenntnis des Ursprungs erforderlich ist, um sie auszumerzen. In diesen Fällen sind positive Affirmationen sehr hilfreich.«

»Was sind Affirmationen?« fragte der junge Mann.

»Einen Affirmation ist eine Behauptung, die wir uns entweder laut oder stumm vorsagen. Eine positive Affirmation ist beispielsweise: ›Ich bin ein liebevoller, intelligenter, einzigartiger Mensch.‹«

»Und warum soll das hilfreich sein?« fragte der junge Mann.

»Weil wir alles glauben, wenn wir es nur oft genug hören«, erklärte Mrs. Moses. »Genau so entwickelten sich doch unsere negativen Überzeugungen; sie entstanden aus Sätzen, die wir als Kinder immer wieder hörten. Diese Technik gehört zum Handwerkszeug jedes Werbefachmannes. Er denkt sich Redewendungen aus, die so lange in den Medien wiederholt werden, bis wir sie glauben.

Um Ihr Leben in den Griff zu bekommen, müssen Sie die Kontrolle über Ihre Überzeugungen erlangen. Die Affirmation ist eine Möglichkeit.«

»Wie oft muß man eine bestimmte Affirmation wiederholen, bevor das Unterbewußtsein sie glaubt?« fragte der junge Mann.

»Das hängt davon ab, wie lange Sie schon die gegenteilige, negative Überzeugung hegen, und wie regelmäßig Sie die Affirmationen wiederholen. Es hilft, wenn Sie sich die Affirmation mit Gefühl vorsagen, als würden Sie wirklich daran glauben, statt sie monoton herunterzubeten. Ich schlage vor, Sie wiederholen die Affirmation mindestens dreimal täglich: morgens, mittags und abends. Schreiben Sie sie auf eine Karte, wenn Sie möchten, und lesen Sie sie, wann immer es Ihnen möglich ist.

Es gibt noch eine weitere Technik, wie Sie Ihr Selbstbild ändern können: Handeln Sie so, als sei das Gegenteil Ihrer negativen Überzeugung wahr. Falls Sie zum Beispiel glauben sollten, daß Sie unattraktiv sind, tun Sie so, als wären Sie attraktiv. Falls Sie glauben, Ihnen fehle Selbstvertrauen, tun Sie so, als hätten Sie Selbstvertrauen.«

»Täuscht man damit nicht nur etwas vor, das man in Wirklichkeit nicht ist oder hat?« fragte der junge Mann.

»Ja. Aber etwas Unglaubliches geschieht, wenn Sie so tun, als seien Sie attraktiv, selbstsicher und glücklich ... Sie werden anfangen, sich attraktiv, selbstsicher und glücklich zu fühlen. Vielleicht sollte ich es an einem Beispiel verdeutlichen. Stellen Sie sich vor, ein junges Mädchen, das sich für unattraktiv hält, geht mit ihren Freundinnen tanzen. Den ganzen Abend lang steht sie in einer Ecke, wo niemand sie sehen kann, und so ist es nicht weiter verwunderlich, daß kein Mann sie zum Tanzen auffordert. Wenn nun dieses Mädchen so tut, als sei es attraktiv, trägt es vielleicht ein schmeichelhafteres Kleid, mischt sich möglicherweise mehr unter die Leute. Sie wäre entspannt, würde sich amüsieren und wäre so tatsächlich attraktiver für andere.

Oder stellen Sie sich einen Mann vor, der eine Rede halten soll. Er ist nervös, seine Knie zittern. Am liebsten würde er die Flucht ergreifen. Aber er weiß, daß er die Rede halten muß, also versucht er so zu tun, als hätte er Selbstvertrauen. Nach einem selbstsicher klingenden Eröffnungssatz applaudiert das Publikum. Daraufhin fühlt unser Redner sich wirklich selbstsicher. Nun, oft, wenn wir nicht glücklich sind, aber so tun, als wären wir es, und unsere Mitmenschen anlächeln, kann es geschehen, daß sie das Lächeln erwidern und unsere Laune sich bessert.

Eine weitere Methode, unser Selbstbild zu verbessern, besteht darin, nach Dingen zu suchen, die wir an uns mögen.«

»Klingt in der Theorie nicht schlecht, aber wie leicht ist es in der Praxis?« fragte der junge Mann, während er sich Notizen machte.

»Sehr leicht«, antwortete Mrs. Moses. »Sie müssen sich nur bewußt fragen: ›Was mag ich an mir?‹ oder: ›Worin bin ich gut?‹«

»Gut. Aber wenn die Antwort lautet: ›Sehr wenig‹ oder, noch schlimmer, ›Überhaupt nichts‹?« fragte der junge Mann.

»Mit das Wunderbarste am menschlichen Verstand ist, daß er stets nach einer Antwort auf eine Frage sucht, und wenn es keine Antwort gibt, dann denkt er sich oft eine aus. Die meiste Zeit über stellen wir negative Fragen: ›Weshalb bin ich unattraktiv?‹, oder: ›Warum bin ich so dumm?‹ oder: ›Weshalb finde ich keine Arbeit?‹

Ihr Verstand wird stets eine Antwort auf jede Frage finden, die Sie in bezug auf sich selbst stellen: ›Weil du eine große Nase hast‹, oder: ›Weil du mit einem schwachen Verstand geboren wurdest‹, oder: ›Weil du schlechter bist als andere.‹ Natürlich ist das alles Unsinn – aber Ihr Verstand hat Antworten gefunden!

Wenn wir jedoch positive Fragen stellen, werden wir positive Antworten bekommen. Und selbst dann, wenn Sie nur mit Mühe etwas finden, das Sie an sich mögen, sollten Sie sich fragen: ›Wenn ich etwas an mir mögen würde, was wäre es?‹ Diese Frage verlangt eine positive Antwort. Eine weitere ausgezeichnete Frage ist: ›Wo liegen meine Stärken?‹, ›Worin bin ich gut?‹, ›Wo kann ich einen wirksamen Beitrag leisten?‹

Affirmationen – so tun, als ob –, positive Fragen stellen, all das sind einfache, aber wirkungsvolle Methoden, mit deren Hilfe wir unser Selbstbild ändern können. Wir müssen aufhören, unser Selbstbild danach zu formen, wie unsere Mitmenschen auf uns reagieren. Wir sollten immer daran denken, daß andere Menschen zwar unsere Spiegel sind, aber ungenaue, von Vorurteilen verzerrte Spiegel.

Vergessen Sie eines nicht: Um Kritik zu üben, braucht man weder Talent noch Verstand oder Charakter. Nur Gott kann eine Blume erschaffen, aber ein törichtes Kind kann sie in Stücke reißen. Wenn Menschen feindselig oder unhöflich sind, wenn sie grausame oder unfreundliche Dinge sagen, spiegelt das eher deren geplagten Geist wieder als ihr Wesen. Also hören Sie niemandem zu, der Ihnen erklären will, wer oder was Sie sind (es sei denn, es ist positiv). Glauben Sie, ich würde in meinem Alter noch studieren, wenn ich auf andere gehört hätte? Meinen Sie, ich hätte mit fünfundsechzig Jahren noch Skifahren gelernt, wenn ich dem Rat anderer gefolgt wäre? Glauben Sie, ich hätte mit achtundsechzig Jahren noch Malen gelernt? Wenn ich auf die anderen gehört hätte, wäre ich wahrscheinlich schon tot oder würde nur noch von meinen Erinnerungen zehren.

Die Leute sagten, ich sei eine Närrin, all diese Dinge in meinem Alter noch anzufangen. Viele halten mich immer noch für verrückt. Vielleicht bin ich's. Aber ich möchte Ihnen eines verraten – ich bin glücklich.

Ich habe einmal gelesen, Selbsterkenntnis sei das Höchste, was man im Leben erreichen kann, denn nur dann, wenn man sich selbst erkannt hat, sei man wirklich frei – frei von den

Grenzen und Beschränkungen, die andere einem auferlegen wollen. Frei, so zu leben, wie wir leben sollen – glücklich.«

Der junge Mann war begeistert. »Das klingt so einfach, so vernünftig. Aber funktioniert es wirklich?«

Mrs. Moses lächelte. »Es gibt nur eine Möglichkeit, das herauszufinden. Probieren Sie es aus!«

Bevor er zu Bett ging, warf der junge Mann noch einen Blick auf seine Notizen.

DAS VIERTE GEHEIMNIS DES GLÜCKS –
DIE KRAFT DES SELBSTBILDES

Es heißt: »Man ist das, wofür man sich hält.« Wir sind das, was wir glauben zu sein. Wenn ich mit mir unzufrieden bin, werde ich mit dem Leben unzufrieden sein. Um mit dem Leben zufrieden zu sein, muß ich erst mit mir zufrieden sein.

Jeder Mensch ist etwas Besonderes. Jeder Mensch ist ein Sieger, denn die Chance, geboren zu werden, stand nur 1 : 300000 Milliarden.

Die Mitmenschen sind unsere Spiegel, aber sie sind Zerrspiegel.

Um Komplexe und negative Überzeugungen zu überwinden und ein positives Selbstbild zu erzeugen, muß ich:

Erstens herausfinden, woher sie stammen und ob sie zutreffen. Falls sie stimmen, muß ich sie auflösen, um eine Veränderung zu erzielen;

Zweitens, mir jeden Tag positive Affirmationen vorsagen, also die Art Mensch affirmieren, die ich sein möchte. Drittens so handeln, wie ich sein möchte; und mich viertens fragen, was ich an mir mag oder schätze.

Das fünfte Geheimnis
DIE KRAFT DER ZIELE

ZWEI TAGE SPÄTER traf der junge Mann sich mit Dr. Julius Franks, dessen Name als fünfter auf der Liste stand. Dr. Franks war Professor der Psychologie an der City University und wirkte trotz seiner 70 Jahre jugendlich-dynamisch. Er erinnerte den jungen Mann an den alten Chinesen.

»Ich traf den alten Chinesen vor vielen, vielen Jahren«, sagte Dr. Franks. »Ich war während des Zweiten Weltkrieges Kriegsgefangener im Fernen Osten. Im Lager herrschten schreckliche, schier unerträgliche Zustände: spärliche Essensrationen, kein sauberes Wasser. Wohin man auch schaute, überall sah man Fälle von Ruhr, Malaria oder Hitzschlag. Einige Gefangene wurden mit der körperlichen und geistigen Anspannung, mit dem ständigen Lastentragen im sengenden Sonnenschein nicht fertig. Für sie wurde der Tod zu einer willkommenen Flucht. Auch ich spielte mit dem Gedanken daran. Doch eines Tages erschien jemand, der mir neuen Lebensmut gab – ein alter Chinese.«

Der junge Mann hörte gebannt zu, als Dr. Franks von jenem Tag erzählte.

»Ich saß allein auf dem Übungsplatz, schwach und erschöpft, und dachte daran, wie einfach es wäre, in den Elektrozaun zu laufen. Plötzlich saß ein alter Chinese neben mir. Trotz meiner Erschöpfung war ich verwirrt. Ich glaubte zu halluzinieren. Wie konnte ein Chinese so plötzlich und so einfach in einem japanischen Lager erscheinen?

Er schaute mich an und stellte mir eine Frage, eine einfache Frage, die mir buchstäblich das Leben rettete.«

Dr. Franks hielt einen Moment inne.

Der junge Mann war verwirrt. Wie kann einem eine Frage das Leben retten? dachte er.

»Die Frage lautete«, fuhr Dr. Franks fort, »›Was werden Sie nach Ihrer Freilassung als erstes tun?‹

Darüber hatte ich noch nicht nachgedacht, hatte es nicht gewagt. Aber ich kannte die Antwort – ich wollte meine Frau und meine Kinder wiedersehen. Und plötzlich wurde mir bewußt, daß es etwas gab, für das es sich zu leben lohnte, ein Ziel, für das ich nun überleben wollte. Diese Frage rettete mein Leben, denn sie gab mir etwas zurück, das ich verloren hatte – einen Grund zu leben!

In diesem Augenblick fiel mir der Kampf ums Überleben leichter, denn ich wußte, daß jeder Tag, den ich überlebte, mich dem Ende des Krieges und damit der Erfüllung meines Traumes näher brachte. Die Frage des alten Chinesen rettete mir nicht nur das Leben, sondern sie lehrte mich auch die wichtigste Lektion meines Lebens.«

»Und welche?« fragte der junge Mann.

»Die Lektion über die Macht der Ziele.«

»Ziele?« wiederholte der junge Mann.

»Ja. Ziele. Ambitionen. Dinge, für die man kämpft. Ziele geben unserem Leben Sinn und Zweck. Es stimmt, wir können auch ohne beides existieren, aber um wirklich zu leben, um glücklich zu sein, muß unser Leben einen Sinn haben. ›Ohne ein Ziel‹, schrieb der berühmte Admiral Byrd, ›hätten die Tage geendet, wie solche Tage stets enden – in Auflösung.‹«

»Wessen Auflösung?« fragte der junge Mann.

»Der Seele. Haben Sie sich schon einmal gefragt, weshalb so viele Menschen kurz nach der Pensionierung krank werden und sterben? Haben Sie sich jemals gefragt, warum so viele reiche und berühmte Menschen als Drogenabhängige und Alkoholiker enden?«

Der junge Mann nickte. Er hatte sich oft gefragt, weshalb so viele Menschen nach der Pensionierung plötzlich »alt« wurden. Er hatte schon immer gern wissen wollen, warum Prominente, Menschen, die alles zu haben schienen – ein großartiges Haus oder mehrere Häuser, mehr Geld, als sie zu

104

Lebzeiten ausgeben konnten, eine Familie, eine fabelhafte Karriere – so oft Drogen oder dem Alkohol verfielen oder Selbstmord begingen.

»Ein Grund dafür«, erklärte Dr. Franks, »ist der, daß sie glauben, ihr Leben habe keinen Zweck. Sie sehen keinen Sinn in ihrem Leben. Haben Sie schon einmal von Helen Keller gehört?«

»Ja. Erst letzte Woche. Jemand sagte mir, daß sie das Leben liebte, obwohl sie blind, taub und stumm war.«

»Das stimmt. Und wissen Sie auch, weshalb sie das Leben liebte?« fragte Dr. Franks. »Weil sie ihm einen Sinn gab. Gefragt, wie sie trotz ihrer Behinderungen so glücklich sein könne, antwortete sie: ›Viele Menschen haben eine falsche Vorstellung davon, was Glück ausmacht. Man erlangt es nicht durch Zügellosigkeit, sondern durch Treue gegenüber einem würdigen Zweck.‹ Die menschliche Seele sehnt sich am stärksten nach einem Sinn für das Leben, und diesen Sinn schenken uns unsere Ziele.

Ziele geben dem Leben Sinn und Zweck. Mit einem Ziel vor Augen wissen wir, wohin wir gehen, werden wir vorangetrieben. Ohne Ziel verliert das Leben seinen Sinn, laufen wir Gefahr, ziellos zu treiben. Denn Menschen kennen nur zwei verschiedene Arten der Motivation – entweder Schmerz oder Freude. Wenn man ein Ziel hat, konzentriert man sich auf die

Freude. Fehlt ein Ziel, konzentriert man sich darauf, den Schmerz zu vermeiden. Ziele können Schmerzen sogar erträglicher machen.«

»Ich weiß nicht, ob ich Sie richtig verstehe«, sagte der junge Mann. »Wie können Ziele Schmerzen erträglicher machen?«

»Einen Augenblick ... ich hab's: Stellen Sie sich vor, Sie hätten schreckliche Bauchschmerzen. Alle paar Sekunden durchfährt Sie ein durchdringender Schmerz. Die Schmerzen sind so schlimm, daß Sie schreien. Wie würden Sie sich fühlen?«

»Recht scheußlich, nehme ich an.«

»Und wie würden Sie sich fühlen, wenn die Schmerzen schlimmer würden und regelmäßiger kämen? Wären Sie ängstlich oder freudig erregt?«

»Weshalb fragen Sie? Wie soll man bei solchen Schmerzen freudige Erregung empfinden? Da müßte ich ja ein Masochist sein?«

»Nein. Nur eine schwangere Frau! Sie erträgt die Schmerzen, weil sie weiß, daß sie am Ende ein Kind in den Armen halten wird. Sie wird sich vielleicht freuen, wenn die Wehen regelmäßiger kommen, da sie weiß, daß jede Kontraktion sie der Geburt des Kindes und dem Ende des Schmerzes näher bringt. Der Sinn hinter den Schmerzen macht ihn erträglicher. Wenn man etwas hat, auf das man sich freuen kann, werden schwere Zeiten erträglicher. Ein Ziel zu haben, für das es sich zu leben lohnt, half mir, im Lager zu überleben. Ohne dieses Ziel hätte ich wahrscheinlich meinem Leben ein Ende gemacht. Immer, wenn ich die Verzweiflung im Gesicht eines Mitgefangenen sah, fragte ich ihn: ›Was machst du nach deiner Freilassung als erstes?‹ Und jedesmal ging in dem Gesicht des Betreffenden eine Veränderung vor sich. Seine Augen begannen zu funkeln, als ihm bewußt wurde, daß es auch in seinem Leben Dinge gab, für die es sich zu leben lohnte. Er hatte eine Zukunft, für die er kämpfen konnte. Und er würde von nun an alles in seiner Macht stehende tun, um von einem Tag zum nächsten zu überleben und seinem Ziel ein wenig näher zu kommen. Es ist ein wunderbares Gefühl, diese plötzliche Veränderung bei einem Mitgefangenen zu sehen und zu wissen, daß man ihm eine kleine Hilfe war. Damals setzte ich mir zum Ziel, jeden Tag so vielen Menschen wie möglich zu helfen.

Eines der Geheimnisse, wie man auch die dunkelsten Zeiten überleben kann, ist mit dem Geheimnis identisch, das einem hilft, ein intensives Leben zu führen. Es ist das Geheimnis, ein Ziel zu haben. Wenn Ziele Kriegsgefangenen neuen Lebensmut schenken können, was, meinen Sie, können sie dann in Friedenszeiten erst bewirken?

Nach dem Krieg arbeitete ich bei einer sehr interessanten Untersuchung der Harvard University mit. Wir fragten alle, die im Jahr 1953 ihren Abschluß machten, welche Ambitionen, welche Ziele sie für die Zukunft hätten. Was meinen Sie, wie viele der Befragten bestimmte Ziele vor Augen hatten?«

»Fünfzig Prozent«, schätzte der junge Mann.

»Weniger als drei Prozent!« sagte Dr. Franks. »Können Sie sich das vorstellen? Nicht einmal drei von hundert Menschen wußten, was sie mit ihrem Leben anfangen wollten!

Wir verfolgten ihre Karrieren während der nächsten 25 Jahre und machten folgende Beobachtung: Die drei Prozent der Befragten, die bestimmte Ziele vor Augen gehabt hatten, führten stabilere Ehen, waren gesünder und hatten mehr Geld zur Verfügung, als die restlichen 97 Prozent zusammengenommen. So verwunderte es auch nicht, daß diese wenigen weit glücklicher waren als der Rest der Befragten.«

»Weshalb glauben Sie, daß Ziele die Menschen glücklicher machen?« fragte der junge Mann.

»Weil wir nicht nur Nahrung in Energie verwandeln, sondern auch Begeisterung. Begeisterung entsteht, wenn wir Ziele haben. Dinge, nach denen wir streben. Dinge, auf die wir uns freuen. Die meisten Menschen sind vor allem deshalb unglücklich, weil sie glauben, ihr Leben habe keinen Sinn. Sie haben nichts, wofür es sich lohnt, morgens aufzustehen. Sie haben keine Ziele, die sie inspirieren, keine Träume. Sie treiben ziellos durchs Leben.

Wenn wir ein Ziel haben«, fuhr Dr. Franks fort, »scheinen sich Streß und Anspannung in Luft aufzulösen. Sie werden nur mehr als Hürden erlebt, die auf dem Weg zum Ziel überwunden werden müssen. Deshalb rate ich all meinen Patienten, sich mit der Schaukelstuhl-Technik vertraut zu machen.«

»Was ist das?« fragte der junge Mann.

»Es handelt sich um eine einfache Methode, bei der Sie sich vorstellen, Sie wären am Ende Ihres Lebens angelangt, säßen im Schaukelstuhl und würden über Ihr Leben und das Erreichte nachdenken. An was würden Sie sich gern erinnern? Was hätten Sie gern getan? Welche Orte hätten Sie gern besucht? Welche Beziehungen geknüpft? Und, die wichtigste Frage, die Sie sich im Schaukelstuhl stellen sollten: ›Welcher Mensch wäre ich gern geworden?‹«

Der junge Mann notierte die Fragen – Fragen, die er sich noch nie gestellt hatte.

»Diese Methode hilft uns dabei, langfristige Ziele zu benennen. Danach machen wir das gleiche mit kurzfristigen Zielen: mit Zehnjahres- oder Fünfjahreszielen, Sechsmonats-, Einmonats- oder Tageszielen. Ich rate meinen Patienten, all ihre Ziele aufzuschreiben und sie morgens als erstes zu lesen. Auf diese Weise haben sie stets etwas vor Augen, für das es sich lohnt, aufzustehen und den Tag fröhlich und energiegeladen zu beginnen.«

»Ich werde es ausprobieren«, sagte der junge Mann. »Ich habe immer Schwierigkeiten, aus dem Bett zu kommen.«

»Es ist gut, im Tagesverlauf hie und da einen Blick auf den Zettel mit den Zielen zu werfen, und kurz vor dem Einschlafen, damit sie sich einprägen.«

»Was ist, wenn ich meine Meinung ändere und zu dem Schluß gelange, daß ein bestimmtes Ziel nicht mehr erstrebenswert ist?« fragte der junge Mann.

»Eine gute Frage. Unsere Prioritäten und Werte ändern sich mit zunehmendem Alter, und entsprechend ändern wir unsere Ziele. Deshalb ist es gut die Schaukelstuhl-Methode in regelmäßigen Abständen anzuwenden – mindestens einmal im Jahr. So haben wir stets Ziele, denen wir uns verpflichtet fühlen, die unserem Leben Sinn und Zweck geben – Dinge, die uns anregen und motivieren.

Ziele bilden das Fundament unseres Glücks. Viele Menschen glauben, Glück setze Komfort und Luxus voraus. Aber wir brauchen, um glücklich zu sein, nur etwas, das uns begeistert. Das ist eines der größten Geheimnisse des Glücks – ohne Sinn und Zweck gibt es kein dauerhaftes Glück. Das ist die Macht der Ziele.«

»Haben Sie den alten Chinesen jemals wiedergesehen?« fragte der junge Mann.

»Nein. Tatsächlich war in eine Zeitlang fest davon überzeugt, daß er nur eine Halluzination oder ein Produkt meiner Phantasie gewesen war.«

»Warum?«

»Weil ich ihn vorher nie gesehen hatte und ihn auch hinterher nicht wiedertraf. Manchmal gaukelt die sengende Sonne einem etwas vor. Aber kurz nach dem Krieg entdeckte ich, daß er wirklich existierte.«

»Wie?« fragte der junge Mann.

»Ich erhielt einen Brief von einem jungen Mann, der meine Adresse von einem alten Chinesen erfahren hatte!«

Später, als er allein war, faßte der junge Mann die Notizen zusammen, die er sich während des Gesprächs gemacht hatte.

DAS FÜNFTE GEHEIMNIS DES GLÜCKS –
DIE KRAFT DER ZIELE

Ziele geben dem Leben Sinn und Zweck.
Wenn wir ein Ziel vor Augen haben, konzentrieren wir uns mehr darauf, Freude zu erlangen als darauf, Schmerzen zu vermeiden.
Ziele sind ein Grund, morgens aufzustehen.

Ziele machen schwere Zeiten erträglicher und gute Zeiten besser.

Die Schaukelstuhl-Methode hilft beim Finden langfristiger und kurzfristiger Ziele. Schreib deine Ziele auf ein Blatt Papier und lies sie morgens, tagsüber und vor dem Einschlafen.

Vergiß nicht, die Schaukelstuhl-Methode mindestens zweimal jährlich anzuwenden, um sicherzustellen, daß deine Ziele noch aktuell sind.

Das sechste Geheimnis
DIE KRAFT DES HUMORS

»Es MAG ZUNÄCHST absurd klingen, daß es hilfreich sein soll, sich nichts aus seinen Schwierigkeiten zu machen oder gar darüber zu lachen. Doch Sie werden feststellen, daß es eine der besten Methoden ist, schwierige Situationen zu überwinden und Glück zu erlangen.«

Der junge Mann wußte nicht, was er darauf sagen sollte. Der Mann ihm gegenüber war Joseph Hart, ein kleiner, stämmiger Mann Ende Fünfzig. Mr. Hart war Taxifahrer. Er stand auf der Liste des jungen Mannes an sechster Stelle.

»Vor zehn Jahren«, fuhr Mr. Hart fort, »ging ich mit meinem Unternehmen bankrott. Dazu brauchte es nicht viel: Ich verlor meinen größten Kunden, und ein paar große Schuldner gingen in Konkurs, ohne ihre Rechnungen zu begleichen. Es gab einfach keinen Ausweg. Ich mußte zusehen, wie mir alles, für das ich so schwer gearbeitet hatte, unter den Fingern zerrann. Mir blieb nichts.

Wie Sie sich vorstellen können, war ich wütend, frustriert

und recht verzweifelt. Die ganze Situation schien so hoffnungslos zu sein. Ich mietete mir ein Zimmer im dreißigsten Stock des im Stadtzentrum gelegenen Hilton-Hotels, wo ich, ob Sie es glauben oder nicht, meinem Leben ein Ende setzen wollte.«

Der junge Mann lauschte gebannt Mr. Harts Geschichte.

»Ich saß über eine halbe Stunde auf der Bettkante, den Kopf in die Hände gestützt, und versuchte, den nötigen Mut aufzubringen, um meinen Plan auszuführen. Schließlich stand ich auf und ging zum Balkon. Gerade als ich die Brüstung erreicht hatte, hörte ich hinter mir eine Stimme. Ich drehte mich um. Ein Portier stand im Zimmer und fragte mich, ob alles zu meiner Zufriedenheit sei. Ich nickte. Er kam auf den Balkon und fragte, ob er mir etwas bringen könne. Ich verneinte. Er betrachtete die Aussicht. Eine leichte Brise kam auf. Er atmete tief ein.

›Was für ein wunderbarer Tag!‹ sagte er.

›Was ist so wunderbar daran?‹ murmelte ich. Seine Antwort traf mich wie eine Ladung eiskalten Wassers.

Er sagte: ›Wenn Sie erst einmal ein paar verpaßt haben, werden Sie verstehen, was ich meine.‹

Ich war so herunter mit den Nerven, daß ich in Tränen ausbrach. Er fragte mich, was los sei. Ich habe alles verloren, antwortete ich.

114

Er schaute mich verwundert an und fragte: ›Was meinen Sie?
Können Sie noch sehen?‹

›Natürlich‹, sagte ich.

›Gut‹, sagte er. ›Also haben Sie noch Ihre Augen. Offenbar
können Sie auch sprechen und hören, und es sieht ganz so
aus, als können Sie auch gehen. Also, was genau haben Sie
verloren?‹ Ich erklärte ihm, ich hätte mein Geld verloren; alles, was ich je verdient hätte, sei mir genommen worden.

›Aha!‹ rief er aus, ›also ist Geld alles, was Sie verloren haben!‹
Dann schüttete er einen zweiten Eimer eiskalten Wassers
über mir aus, indem er fragte: ›Wer besitzt mehr: ein Millionär, der an unheilbarem Krebs leidet, oder ein gesunder Mann
ohne einen Pfennig Geld in der Tasche?‹

Da dämmerte mir, daß ich meine Probleme vielleicht zu dra-
matisch gesehen hatte. Der Portier erklärte, viele Menschen
verlören die Perspektive, und das sei häufig der einzige Grund
für ihr Unglücklichsein.

Das Gespräch mit dem Portier löste zwar nicht alle meine Probleme, aber es half mir, sie ein wenig anders zu sehen. Es
reichte aus, mich wieder über mein Leben nachdenken zu lassen. Ich habe es ihm nie gesagt, aber seine schlichte Weisheit
hielt mich davon ab, mir an jenem Tag das Leben zu nehmen.
Kurz bevor er ging, gab er mir eine Liste mit Namen von Personen, die mir, wie er sagte, in meiner Situation helfen könn-

ten. Ich dachte, sie würden mir Geld leihen. Aber sie schenkten mir etwas viel Wertvolleres – die zehn Geheimnisse des Glücks.

Dank dieser Geheimnisse baute ich mir nach und nach ein neues Leben auf. Ich lernte, wie man Glück kreiert. Ich hatte eine Menge über mich und über das Leben zu lernen: wie bedeutsam der Glauben, wie wichtig unsere Einstellung, unsere Gesundheit sind, wie wichtig es ist, anderen zu vergeben und wie wichtig Beziehungen sind. Aber ein Geheimnis war für mich besonders wichtig – die Macht des Humors.

Ich gehörte zu jenen Menschen, die alles sehr ernst nehmen. Es ist nicht leicht, glücklich zu sein, wenn man niemals lacht!«

»Aber heißt das nicht, das Pferd am falschen Ende aufzuzäumen?« wandte der junge Mann ein. »Wenn wir glücklich sind, neigen wir dazu, mehr zu lachen und alles weniger ernst zu nehmen. Lachen ist doch kein Mittel, um uns glücklich zu machen.«

»Stimmt, Lachen ist ein Nebenprodukt des Glücklichseins. Aber es kann auch Glück erzeugen. Wenn Sie lachen – oder lächeln – werden in Ihrem Gehirn chemische Substanzen ausgeschüttet, die Glücksgefühle auslösen. Forscher haben herausgefunden, daß der Spiegel der Streßhormone Adrenalin und Kortison in unserem Blut gesenkt wird, wenn wir lachen.

Was zur Folge hat, daß wir weniger ängstlich und besorgt sind.«

»Und weshalb waren oder sind dann einige der berühmtesten Komiker ernsthaft depressiv?« fragte der junge Mann.

»Man wird nicht depressiv, weil man zu viel lacht«, erklärte Mr. Hart. »Aber viele Menschen benutzen die Macht des Lachens und des Humors instinktiv dazu, ihre Traurigkeit zu überwinden. Vergessen Sie nie, daß der Humor nur eines von zehn Geheimnissen des Glücks ist. Wir müssen unserem Leben alle zehn Geheimnisse einverleiben, wenn wir dauerhaftes Glück erleben wollen. Allein durch die Macht des Humors glücklich werden zu wollen, ist ein vergebliches Unterfangen – so, als versuche man allein durch Training gesund zu werden, ohne Ernährung, Ruhe, Streß und alle anderen Faktoren zu berücksichtigen, die unsere Gesundheit beeinflussen.

Lachen verbessert auch unser Konzentrationsvermögen und steigert deutlich unsere Fähigkeit, Probleme zu lösen. Wissenschaftler der University of Maryland führten vor einigen Jahren ein sehr interessantes Experiment durch: Sie bildeten zwei Gruppen von Versuchspersonen und gaben jeder Gruppe die gleichen Aufgaben. Der einzige Unterschied bestand darin, daß der ersten Gruppe ein dreißigminütiger Lehrfilm gezeigt wurde, bevor sie die Aufgaben lösen durfte, und der zweiten Gruppe eine dreißigminütige Komödie. Das Ergebnis war unglaublich: Die Versuchspersonen, die sich die Komödie angeschaut hatten, lösten die Aufgaben im Durchschnitt dreimal so schnell wie die anderen!«

Der junge Mann schaute von seinen Notizen auf. »Aber jemand, der Probleme hat oder gestreßt, ängstlich oder besorgt ist, wird kaum in der Stimmung sein zu lachen, oder?«

»Nein. Natürlich nicht. Aber genau das ist der springende Punkt. Wenn sie lachen würden, ginge es ihnen besser. Sie würden sich nicht nur wohler fühlen und weniger gestreßt, sie würden auch ihre Probleme besser lösen können. Haben Sie schon einmal etwas erlebt, das Sie aufregte oder wütend machte, und nur wenige Wochen später lachten Sie bereits mit Freunden darüber?«

»Ja. Hat das nicht jeder?«

»Ärgerte die Situation Sie, als Sie darüber lachten?«

»Nein. Wie sollte sie?« Der junge Mann lächelte.

»Genau darauf will ich hinaus«, sagte Mr. Hart. »Wie sollte sie? Sie konnte Sie nicht mehr ärgern. Wäre es da nicht sinnvoll, so früh wie möglich über unsere Probleme zu lachen?«

»Jetzt weiß ich, worauf Sie hinauswollen. Aber wie soll man über etwas lachen, das einen aufregt?«

»Das Geheimnis besteht darin, etwas zu *finden*, über das man lachen kann. Alles spielt sich nur in Ihrem Kopf ab. Wir ent-

118

scheiden uns für bestimmte Gedanken; wir wählen aus, auf was wir uns konzentrieren. Statt uns zu fragen: ›Was ist an dieser Situation schrecklich?‹ sollten wir überlegen: ›Was ist an dieser Situation komisch?‹«

»Und wenn ich nichts Komisches daran finde?« fragte der junge Mann.

»Dann sollten Sie sich fragen: ›Was *könnte* daran komisch sein?‹ Normalerweise findet sich an jeder Situation etwas, worüber man lachen kann, man muß nur danach suchen. Und falls es nichts Lustiges daran gibt, finden Sie etwas anderes, das lustig ist. Denn überhaupt lachen zu können ist oft schon ein Gewinn.«

»Das klingt in der Theorie ja ganz einleuchtend, aber in der Praxis ist es nicht immer leicht, jeder Situation etwas Komisches abzugewinnen«, gab der junge Mann zu bedenken.

»Natürlich kann man nicht über jede Situation lachen«, stimmte Mr. Hart zu, »aber über die meisten. Sie werden die komische Seite einer Situation allerdings erst dann entdecken, wenn Sie danach suchen. Ich habe einmal eine wunderbare Geschichte über John Glenn gehört, den ersten amerikanischen Apollo-Astronauten. John, in voller Montur, wollte gerade in die Rakete steigen, als ein Reporter ihn aufhielt und fragte: ›Was werden Sie tun, John, wenn im Raum die Motoren ausfallen und Sie nicht mehr zurück auf die Erde können?‹ John schaute den Reporter an, lächelte und sagte: ›Wissen Sie was? Das würde mir echt den Tag verderben!‹

Nun, ich bezweifle, daß viele Menschen eine ähnlich dramatische Situation durchgemacht haben wie John Glenn sie an jenem Tag zu gewärtigen hatte. Wahrscheinlich werden die meisten von uns niemals in eine solche Lage kommen. Doch wenn wir lernten, den Herausforderungen des Lebens mit dem gleichen Humor zu begegnen, wären wir glücklicher.

Nach erfolgreichem Abschluß der Apollo-Mission wurde eine Pressekonferenz abgehalten, bei der John Glenn von einem anderen Reporter gefragt wurde, woran er bei dem Wiedereintritt in die Erdatmosphäre gedacht hatte. ›Beim Wiedereintritt in die Erdatmosphäre dachte ich, daß die Kapsel, in der ich mich befand, von dem Unternehmen mit den niedrigsten Produktionskosten hergestellt worden war!‹

Nun kann das ein recht erschreckender Gedanke sein. Aber John überwand seine Ängste mit Hilfe seines Humors. Welche Herausforderungen und Hindernisse sich Ihnen auch in den Weg stellen mögen, Sie sollten sich stets fragen: ›Was ist an dieser Situation komisch?‹ oder: ›Was könnte daran komisch sein?‹

Das Problem der meisten Menschen ist, daß sie das Leben viel zu ernst nehmen. Wir sollten gelegentlich innehalten und uns fragen: ›Wird es in zehn Jahren noch für irgend jemanden eine Rolle spielen?‹ Wenn die Antwort ›nein‹ lautet, haben wir keinen Anlaß, es zu ernst zu nehmen. Das erinnert mich an die Zwei-Schritte-Formel gegen den Streß.«

»Und wie lautet die?« fragte der junge Mann.

»Der erste Schritt lautet: Reg dich nicht über Kleinigkeiten auf.«

Mr. Hart verstummte.

»Und der zweite Schritt?« fragte der junge Mann.

»Vergiß nie, daß es sich bei den meisten Dingen im Leben um Kleinigkeiten handelt!

Ich habe hier ein wunderbares Stück Prosa, von einer unheilbar kranken, fünfundachtzigjährigen Frau geschrieben«, sagte Mr. Hart und reichte dem jungen Mann ein Blatt Papier. »Ein Text, der eine tiefe Weisheit enthält.«

> Wenn ich mein Leben noch einmal leben könnte, würde ich versuchen, beim nächsten Mal mehr Fehler zu machen. Ich würde nicht mehr so perfekt sein, sondern entspannter, nachgiebiger. Ich wäre alberner, als ich es bei diesem Trip war. Tatsächlich fallen mir nur sehr wenige Dinge ein, die ich so ernst nehmen würde. Ich wäre verrückter und weniger auf Hygiene bedacht.

Ich würde mehr Chancen ergreifen, mehr Reisen machen, mehr Berge besteigen, in mehr Flüssen schwimmen. Ich würde Orte besuchen, die ich noch nie gesehen habe. Ich würde mehr Eiskrem und weniger Bohnen essen.

Ich hätte mehr reale und weniger eingebildete Probleme.

Wissen Sie, ich gehörte zu jenen Menschen, die vorbeugende Maßnahmen ergriffen, vernünftig und gesund lebten. Stunde um Stunde. Tag um Tag. Oh, ich hatte meine Augenblicke; und wenn ich noch einmal leben könnte, würde ich mehr von diesen Augenblicken sammeln. Augenblick um Augenblick.

Ich gehörte zu jenen Menschen, die niemals ohne Thermometer, Wärmflasche, Mundwasser, Regenmantel und Fallschirm unterwegs sind. Falls ich noch einmal leben könnte, würde ich mit leichterem Gepäck reisen.

Wenn ich noch einmal leben könnte, würde ich im Frühling früher anfangen, barfuß zu laufen, und im Herbst später damit aufhören. Ich würde öfter Karussell fahren, mehr Sonnenaufgänge anschauen und öfter mit Kindern spielen. Wenn ich mein Leben noch einmal leben könnte.

Aber das kann ich nicht.

Der junge Mann lächelte beim Lesen. »Sie haben recht. Hinter diesen Worten verbirgt sich eine wunderbare Botschaft. Kann ich eine Kopie davon haben?«

»Natürlich«, erwiderte Mr. Hart.

»Ich danke Ihnen für alles, was Sie mir mitgeteilt haben«, sagte der junge Mann. »Sie haben mir eine Menge Stoff zum Nachdenken gegeben.«

»Gut. Freut mich, daß ich Ihnen helfen konnte«, sagte Mr. Hart. »Habe ich Ihnen eigentlich schon erzählt, was für George Burns das Geheimnis des Glücks ist?«

»Nein.«

»›Das Geheimnis des Glücks?‹ fragte Burns. ›Ganz einfach. Eine gute Zigarre, ein gutes Essen und eine gute Frau – oder eine schlechte Frau. Kommt ganz darauf an, mit wieviel Glück man fertig werden kann!‹«

An der Tür drehte sich der junge Mann noch einmal um. »Sie haben noch gar nicht erwähnt, woher Sie den alten Chinesen kennen, der mir Ihre Adresse gab.«

Mr. Hart lächelte. »Habe ich das wirklich nicht? Er war der Portier damals im Hilton. Ich verriet ihm nichts von dem, was ich an jenem Tag vorgehabt hatte. Am nächsten Morgen ging ich zur Rezeption, um mich bei ihm zu bedanken und ihn wissen zu lassen, wie sehr er mir geholfen hatte. Aber keiner kannte ihn.«

»Also haben Sie sich nie bei ihm bedanken können?« fragte der junge Mann.

»Nein«, sagte Mr. Hart mit einem Lächeln. »Aber ich glaube, daß er Bescheid weiß. Schließlich hat er Ihnen meinen Namen und meine Telefonnummer gegeben, nicht wahr?«

Bevor er ins Bett ging, las der junge Mann noch seine Notizen durch.

DAS SECHSTE GEHEIMNIS DES GLÜCKS –
DIE KRAFT DES HUMORS

Humor mindert Streß und erzeugt Glücksgefühle.

Lachen hilft uns, uns besser zu konzentrieren und Probleme zu lösen.

Wenn man nach dem komischen Aspekt einer Sache sucht, wird man sehr oft einen finden.

Statt zu fragen: »Was ist an dieser Situation

schrecklich?«, frag lieber: »Was ist daran ko-
misch«, oder: »Was könnte daran komisch sein?«
Denke immer an die Zwei-Schritte-Formel gegen
den Streß: Reg dich nicht über Kleinigkeiten auf.
Vergiß nie, daß die meisten Dinge im Leben
Kleinigkeiten sind.

Das siebte Geheimnis
DIE KRAFT DES VERGEBENS

Am Tag darauf saß der junge Mann in Dr. Howard Jacobsons Büro. Dr. Jacobson, die siebte Person auf seiner Liste, war ein großer, stämmiger Mann, blond, hellblaue Augen, und mit seinen 42 Jahren der jüngste leitende Chirurg, den das städtische Krankenhaus jemals gehabt hatte. Sein Büro befand sich im obersten Stockwerk des Krankenhauses. Die beiden Außenwände waren völlig verglast. Von hier aus hatte man eine wunderbare Aussicht über den Westen der Stadt.

»Ich hörte vor rund zwanzig Jahren zum ersten Mal von den Geheimnissen des Glücks«, begann Dr. Jacobson.

»Und – halfen Sie Ihnen?« fragte der junge Mann.

»Ja«, erwiderte Dr. Jacobson. »Sie veränderten meine Lebenseinstellung völlig. Als Heranwachsender war ich nie besonders glücklich«, gestand Dr. Jacobson. »Ich dachte immer: Irgendwann werde ich glücklich sein. Zuerst glaubte ich, ich würde glücklich sein, wenn ich aufs College ginge. Doch als ich dort war, änderte sich nichts. Dann dachte ich, ich würde glücklich ein, wenn ich meinen Doktor gemacht hätte. Aber auch das funktionierte nicht.

Es änderte sich auch nichts, als ich Chirurg wurde, als ich heiratete und Kinder bekam. Nun, um die Wahrheit zu sagen: Obwohl ich erfolgreich war, ein hübsches Heim mit einer liebevollen Frau und Kindern hatte, war ich niemals richtig glücklich.

Im nachhinein glaube ich, meine Probleme begannen, als mein Vater mich mit zehn Jahren gegen meinen Willen auf ein Internat schickte. Meine Mutter war ein Jahr zuvor bei einem Autounfall ums Leben gekommen. Man sagte mir, sie wäre bei dem Aufprall gestorben. Mein Vater, der den Wagen gefahren hatte, überlebte. Er hatte kaum einen Kratzer abbekommen. Ich denke, ich gab ihm unbewußt, die Schuld an dem Unfall. Und, so schrecklich es auch klingen mag, ich begann ihn zu hassen.«

»Warum?« fragte der junge Mann.

»Ich nehme an, ich glaubte, er würde mich ins Internat schicken, weil er mich nicht liebte oder nicht zu Hause haben wollte.«

Dr. Jacobson hielt einen Augenblick inne und schaute aus dem Fenster.

»Ich lebte mehr als fünfzehn Jahre lang mit dieser Wut«, sagte er. Dann fuhr er mit leiser Stimme fort. »Es ist schwer, mit soviel Wut und Groll glücklich zu sein.

Eines Tages auf dem Flughafen – ich war auf dem Weg zu einer Konferenz – hörte ich eine Durchsage über den Lautsprecher: ›Dr. Jacobson, bitte kommen Sie zum Informationsstand.‹ Ich begab mich sofort dorthin und man händigte mir eine dringende Nachricht aus. Mein Vater hatte einen Herzanfall erlitten und lag auf der Intensivstation des städtischen Krankenhauses. Ich setzte mich hin und las die Nachricht wieder und wieder. Ich war verwirrt und wußte nicht, was ich tun sollte. Ich hatte seit über fünf Jahren nicht mehr mit meinem Vater gesprochen. Ich zerknüllte den Zettel und wollte ihn gerade in den Abfallbehälter werfen, als jemand mich fragte, ob der Platz neben mir frei sei … ein kleiner, alter Chinese. Er setzte sich und begann sofort zu reden. Er sagte, er sei auf dem Weg zu einem Freund, der bei einem Unfall ein Bein verlore habe. Er war beim Überqueren der Straße angefahren worden und konnte von Glück sagen, daß er noch lebte. Wie sich herausstellte, war der Fahrer des Wagens in Eile gewesen und hatte nicht gesehen, daß jemand die Straße überqueren wollte. ›Ich hasse diese Menschen‹, erklärte ich. Mein Nachbar schaute mich entsetzt an: ›Warum hassen Sie einen Menschen, nur weil er einen Fehler gemacht hat?‹ fragte er. ›Jeder macht dann und wann einen Fehler. Wenn Sie jeden Menschen hassen, der Fehler macht, werden Sie am Ende alle Menschen hassen – auch sich selbst.‹

Dann schaute er mich an und lächelte: ›In meinem Land gibt es ein Sprichwort: ›Wer nicht vergibt, der wird nicht glücklich.‹

›Vergeben ist nicht immer leicht‹, wandte ich ein. ›Es hängt ganz davon ab, wie schlimm der Fehler ist.‹

›Wenn das stimmen würde‹, sagte der alte Chinese, ›wäre es im Himmel ziemlich leer.‹

Dann erwähnte er die Gesetze des Lebens und die zehn Geheimnisse des Glücks. Ich hatte nie davon gehört, aber beide rührten etwas in mir an. Wenige Minuten später verabschiedete sich der alte Chinese. Er ließ mich zurück, wie er mich vorgefunden hatte: vor mich hinstarrend, mit der zerknüllten Nachricht in meiner Hand. Aber jetzt wußte ich, was ich tun wollte.

Ich sagte die Reise ab, und besuchte statt dessen meinen Vater im Krankenhaus. Um ihn herum war alles voller Schläuche, ein Herzmonitor stand neben seinem Bett. Ich setzte mich auf die Bettkante und tat etwas, das ich seit meiner Kindheit nicht mehr getan hatte … ich hielt seine Hand. Er bewegte sich nicht, er konnte nicht sprechen, und die Ärzte wußten nicht, ob er etwas hören konnte. Ich beugte mich über ihn und flüsterte ihm ins Ohr: ›Ich bin's, Dad, Howard.‹ Dann geschah das Wunderbarste, das ich jemals erlebt habe. Eine Träne lief ihm die Wange hinunter. Und zum ersten Mal seit langer, langer Zeit weinte auch ich. Es war an der Zeit, zu verzeihen und die Vergangenheit ruhen zu lassen.

In den nächsten beiden Wochen besuchte ich ihn jeden Tag. Und obwohl seine Augen geschlossen blieben, flackerten seine Augenlider schwach, wenn ich seine Hand hielt, und er drückte die meine. Schließlich wurde das Wunder, um das ich gebetet hatte, wahr. Als ich eines Tages die Zimmertür öffnete, saß er wach in seinem Bett und trank eine Tasse Tee.

Wir umarmten uns – etwas, das wir nicht mehr getan hatten, seit ich ein Kind gewesen war – und sprachen miteinander. An jenem Abend redeten wir mehr als in den vergangenen fünfzehn Jahren zusammen. Nun erst erfuhr ich Genaueres über den Unfall, bei dem meine Mutter getötet, und weshalb ich gegen meinen Wunsch auf ein Internat geschickt worden war. Ein Lastwagenfahrer hatte auf einer dünnen Eisschicht die Kontrolle über sein Fahrzeug verloren. Der Laster krachte gegen die Beifahrertür des Wagens meiner Eltern. Meine Mutter starb. Niemand hatte Schuld – es war ein Unfall gewesen. Und obwohl er es sich damals nicht hatte anmerken lassen, war mein Vater am Boden zerstört gewesen. Er brach in Tränen aus, als er mir davon erzählte. Meine Mutter und er waren seit ihrer Kindheit befreundet gewesen. Ich hatte nicht ein einziges Mal darüber nachgedacht, was er durchgemacht haben mußte, sondern nur an mich gedacht. Mein Vater hatte einen gutbezahlten Job, bei dem er regelmäßig in den Fernen Osten und nach Amerika reisen mußte. Deshalb dachte er – sei es nun falsch oder richtig –, ich wäre in einem Internat besser aufgehoben, und ich würde dort eine bessere Ausbildung bekommen.

Man sagt, die Zeit heile alle Wunden. Aber das stimmt nicht. Gewiß, Wut und Bitterkeit werden normalerweise mit den Jahren schwächer, aber wenn wir nicht bereit sind zu vergeben, werden sie unsere Seele nie ganz verlassen. Nein, der Schlüssel zum Vergeben liegt nicht im Verstreichen der Zeit, sondern im Verständnis. Die Sioux-Indianer haben ein wunderbares Gebet:

> O Großer Geist, laß mich niemals einen Menschen beurteilen noch kritisieren, bevor ich nicht zwei Wochen lang in seinen Mokassins herumgewandert bin.

Wir geben oft anderen Menschen die Schuld an dem, was geschieht. Aber wir können niemals sicher sein, daß wir, mit der gleichen Erziehung, unter den gleichen Umständen, anders reagiert hätten. Zum Beispiel habe ich nie darüber nachgedacht, was mein Vater nach dem Tod meiner Mutter durchgemacht oder weshalb er darauf bestanden hat, mich auf ein Internat zu schicken. Ich hatte beschlossen, alles von meinem Standpunkt aus zu sehen. Unbewußt war ich der Meinung, mein Vater stecke mich in ein Internat, weil er mich nicht mehr um sich haben wollte, mich nicht mehr liebte.

Aber wie sich herausstellte, tat er es, *weil* er mich liebte. Er dachte, es sei das beste für mich. Er hatte gerade die Frau verloren, mit der er seit seiner Kindheit befreundet gewesen war, und wußte weder, wie er für mich sorgen sollte, noch konnte er sich – wegen seiner Arbeit – um mich kümmern.«

Der junge Mann dachte an sein Leben, in dem es viele Menschen gab, die ihn ärgerten. Sein Chef, der ihn ständig schikanierte, und ein guter Freund, der sich vor über einem Jahr Geld von ihm geliehen und es immer noch nicht zurückgezahlt hatte, fielen ihm als erstes ein. Plötzlich ging ihm auf, daß er die Angelegenheit noch nicht von ihrer Warte aus betrachtet hatte.

»Nun, ich denke, wenn keine böse Absicht dahintersteckt, sollte man vergeben. Aber weshalb sollte man jemandem verzeihen, der einem absichtlich weh tut?« fragte der junge Mann.

»Warum nicht?«

»Weil einiges einfach unverzeihlich ist«, erwiderte der junge Mann.

»Da bin ich mir nicht so sicher«, sagte Dr. Jacobson. »Nehmen wir zum Beispiel jemanden, der Kinder mißbraucht. Es gibt kein abscheulicheres und widerwärtigeres Verbrechen, nicht wahr?«

Der junge Mann nickte.

»Aber wußten Sie, daß über fünfundneunzig Prozent aller Personen, die Kinder mißbrauchen, ihrerseits als Kinder mißbraucht wurden? Können Sie sicher sein, daß Sie, wenn Sie durchgemacht hätten, was diese Menschen durchgemacht haben, nicht auch Kinder mißbrauchen würden?«

Der junge Mann schüttelte den Kopf. »Ich denke nicht. Aber es ist nicht so einfach zu verzeihen.«

»Niemand sagt, daß es einfach ist. Sie kennen vielleicht das Sprichwort: ›Irren ist menschlich, vergeben göttlich.‹ Aber es ist schon hilfreich, wenn wir die Angelegenheit aus der Warte des anderen betrachten. Wissen Sie eigentlich, was geschieht, wenn Sie nicht verzeihen können? Wer darunter leidet? Wer Magengeschwüre bekommt und einen hohen Blutdruck? Sie selbst!«

»Nicht, wenn ich mich revanchiere. Selbst in der Bibel steht: ›Auge um Auge, Zahn um Zahn.‹ Ist Rache nicht gut für die Seele?«

»In der Bibel steht auch: ›Halte die andere Wange hin‹, und: ›Überlaß Gott die Rache.‹ Wenn wir uns für jedes Unrecht und jede Kränkung rächen würden, wäre am Ende die ganze Welt blind und zahnlos, wie Mahatma Ghandi einst sagte. Rache bringt keinen Frieden, sondern nur weitere Rache. Ein ewiger Teufelskreis.

Wenn Ihr Herz von Haß erfüllt ist, bleibt kein Platz für Liebe und Glück. Durch das Verzeihen wird die Seele von Haß befreit, und dann ist Raum genug für die Liebe.«

Dr. Jacobson ging an die gegenüberliegende Wand, an der zwei Stühle mit hoher Lehne standen.

»Lassen Sie es mich an diesen beiden Sesseln erklären«, sagte er. »Der eine steht für Liebe und Glück, der andere für Haß und Wut. Sie können nicht beide auf einmal tragen.«

»Nun, man kann vergeben, aber nicht vergessen«, wandte der junge Mann ein.

»Das ist kein Verzeihen. Verzeihen heißt, die Tafel zu säubern, alles darauf fortzuwischen. Verzeihen heißt, Wut und Verdammen loszulassen, wie man einen schweren Fels losläßt. Tragen Sie den Fels, drückt er Sie nieder. Wenn Sie ihn loslassen, hat er keine Macht mehr über Sie. Sie sind frei. Konfuzius sagte: ›Gekränkt oder ausgeraubt worden zu sein ist nichts, es sei denn, man erinnert sich ständig daran.‹

Jede Religion spricht von der Macht des Vergebens. Wie können wir erwarten, daß Gott uns vergibt, wenn wir anderen nicht vergeben können? Wer nicht vergeben kann, verbrennt die Brücke, über die auch er einst wird gehen müssen, denn wir alle brauchen einmal Vergebung.«

»Wie oft kann man jemandem vergeben?«

»Sooft er einem Unrecht tut. Vergessen Sie nicht, der einzige Mensch, der leidet, wenn Sie anderen nicht verzeihen können, sind Sie selbst. Denn Sie tragen den Fels des Hasses und der Wut auf Ihren Schultern. Verzeihen befreit Sie von Ihrer Bürde. Deshalb ist Verzeihen so wichtig, wenn Sie glücklich sein wollen. Nur wenn man abfällige Urteile und Kränkungen losläßt, kann man Freude und Glück erfahren. Ich glaube, daß jeder Mensch irgendwann einmal die Strafe für seine Missetaten zahlen muß, entweder in diesem oder im nächsten Leben. Wenn es ein Gesetz in diesem Universum gibt, dann ist es das Gesetz von Ursache und Wirkung, oder, wie geschrieben steht: ›Wir ernten, was wir säen‹ – unsere Handlungen fallen auf uns zurück. Wenn Sie daran glauben, brauchen Sie sich nicht länger an Wut, Bitterkeit und Haß zu klammern. Natürlich bin ich mir nicht sicher, ob das Universum so funktioniert. Ich könnte mich irren. Aber ich habe mich dafür entschieden, es zu glauben, und es hat mich glücklicher gemacht.

Wissen Sie eigentlich, welchem Menschen man am schwersten vergeben kann, mit wem man am wenigsten Mitleid hat?« fragte Dr. Jacobson.

»Nein.«

»Mit sich selbst.«

»Wie bitte? Weshalb sollte ich es nötig haben, mir zu vergeben? Und wann?«

»Immer wenn Sie einen Fehler machen oder etwas tun, das Sie später bedauern. Wir sollten nicht vergessen, daß jeder von uns meistens sein Bestes gibt. Aber wir sind Menschen. Und Menschen machen Fehler. Wir alle tun manchmal Dinge, für die wir uns später schämen, die uns peinlich sind, und wünschen uns, wir könnten es ändern.

Hin und wieder ist es hilfreich, sich in Erinnerung zu rufen, wie man als kleines Kind war. Seien Sie sanft zu diesem Kind. Wie können Sie glücklich sein, wenn Sie sich selbst nicht lieben, sich nicht achten? Wenn Gott Ihnen vergeben kann, können Sie selbst sich auch vergeben. Oder, wie es so schön heißt: ›Der Weise fällt siebenmal am Tag, aber er steht siebenmal wieder auf.‹«

»So habe ich es noch nie gesehen«, sagte der junge Mann. »Das klingt ja alles gut und schön, aber ich glaube nicht, daß es leicht ist. Ich kann es nur versuchen.«

Bevor der junge Mann in jener Nacht zu Bett ging, warf er noch einen Blick auf seine Notizen.

DAS SIEBTE GEHEIMNIS DES GLÜCKS – DIE KRAFT DES VERGEBENS

Vergeben ist der Schlüssel, der das Tor zum Glück öffnet.

Du kannst nicht glücklich sein, wenn du voller Wut und Haß bist. Vergiß nicht: Der einzige, der unter deiner Verbitterung leidet, bist du selbst.

Fehler und Irrtümer sind Lektionen des Lebens. Vergib dir und anderen.

Denk an das Gebet der Sioux-Indianer:

O Großer Geist, laß mich niemals einen Menschen beurteilen noch kritisieren, bevor ich nicht zwei Wochen lang in seinen Mokassins herumgewandert bin.

Das achte Geheimnis
DIE KRAFT DES GEBENS

ZWEI TAGE SPÄTER saß der junge Mann allein auf der Zuschauergalerie, von der aus man das Schwimmbecken des kommunalen Sportzentrums übersehen konnte. Er wartete auf Peter Tansworth, der als Achter auf seiner Liste stand. Er hörte die Schreie und Rufe der Kinder, die sich im Becken tummelten.

»Hallo. Sind Sie der junge Mann, mit dem ich letzte Woche telefoniert habe?« rief ein Mann im Trainingsanzug, der am Beckenrand stand.

»Mr. Tansworth?«

»Ja«, erwiderte der Mann im Trainingsanzug und lächelte. »Ich bin in etwa zehn Minuten bei Ihnen. Wir sind gerade beim Endspurt.«

»Kein Problem!« rief der junge Mann. »Lassen Sie sich ruhig Zeit.«

Die Szene erschien dem jungen Mann recht normal. Es war nichts Ungewöhnliches an zwanzig oder mehr Kindern, die sich während einer Schwimmstunde im Wasser vergnügten.

Doch als die Kinder das Schwimmbecken verließen, stellte der junge Mann fest, daß ein kleiner Junge nur einen Arm, ein anderer keine Beine hatte. Als er genauer hinschaute, bemerkte er, daß alle Kinder körperlich behindert waren.

Wenige Minuten später gesellte Mr. Tansworth sich zu ihm.

»Hallo. Freut mich, Sie doch noch zu sehen«, sagte er und schüttelte den jungen Mann die Hand.

Mr. Tansworth Gesicht war leicht gebräunt; er hatte große Augen, die zu lächeln schienen. Der junge Mann erzählte ihm von seinem Treffen mit dem alten Chinesen und von den Menschen, mit den er bereits gesprochen hatte.

»Ich traf den alten Chinesen vor fast fünf Jahren. Dieses Treffen sollte einen Wendepunkt in meinem Leben markieren«, erklärte Mr. Tansworth. »Damals besaß ich eine erfolgreiche Computerfirma. Das Geschäft lief sehr gut. Geld zu verdienen war schon immer mein Hauptziel gewesen. An meinem fünfunddreißigsten Geburtstag war ich Millionär ... und sehr unglücklich.«

»Warum?« fragte der junge Mann.

»Vielleicht kennen Sie den Bibelspruch: ›Was nützte es dem Menschen, wenn er die ganze Welt gewönne, und nähme doch Schaden an seiner Seele?‹ Nun, das bringt meine damalige Situation ziemlich auf den Punkt. Auf meinem Höhenflug hatte ich all die Dinge hinter mir gelassen, an denen mir wirklich etwas lag: Meine Frau hatte sich von mir scheiden lassen, ich hatte nur wenige Freunde, und jeder Tag war ein Kampf, bei dem es nur darum ging, mehr Geld zu verdienen, als ich ausgeben konnte.

Ich weiß noch, wie ich mich einmal zu Weihnachten so elend fühlte, daß ich mir eine Rolex kaufte, um mich aufzuheitern. Die Uhr kostete mehr als fünftausend Pfund, und eine Weile war ich sehr stolz auf meine Neuerwerbung. Doch nach einer halben Stunde war das Gefühl verflogen, und ich fühlte mich genauso elend wie zuvor. Im nachhinein begreife ich nicht, wie ich hatte glauben können, eine Uhr würde mich glücklich machen. Sie tat nichts anderes als die meisten Uhren es tun – sie sagte mir, wie spät es war.

Ich kann mich noch gut an diesen Tag erinnern. Es war am Weihnachtsabend, und die Straßen waren voller Menschen. Ich saß auf einer Bank in einem Einkaufszentrum und schaute dem Gedränge zu. Tausende von Menschen gingen an mir vorbei, aber ich fühlte mich einsam, so einsam, wie ich mich noch nie gefühlt hatte. Dieses schreckliche Einsamkeitsgefühl überwältigte mich.

Weihnachten kann eine wunderschöne, aber auch eine unglückliche und einsame Zeit sein. Jedes Jahr leben Hunderttausende von Menschen im Elend: Menschen ohne Familie oder Freunde; Menschen, die kein Geld, nichts zu essen und kein Dach über dem Kopf haben. Für sie ist Weihnachten eine Zeit, die sie ihren Mangel nur noch deutlicher spüren läßt. An jenem Tag spürte ich zum ersten Mal, wie elend und einsam das Leben sein kann. Doch dann geschah etwas, das mein Leben veränderte.«

»Was?« fragte der junge Mann.

»Ein kleiner, alter Chinese setzte sich neben mich!«

Der junge Mann lächelte.

»Er schaute mich an und sagte: ›Haben Sie gewußt, daß die Soldaten im Ersten Weltkrieg während der vierjährigen Kämpfe nur ein einziges Mal die Waffen niederlegten und Frieden schlossen – Weihnachten 1914?‹ Ich hatte es weder gewußt, noch interessierte es mich, aber der alte Chinese fuhr unbeirrt fort: ›Britische und deutsche Soldaten kletterten aus ihren Schützengräben, begrüßten einander im Niemandsland, teilten Essen und Getränke miteinander.‹«

Mr. Tansworth hielt kurz inne, bevor er weitersprach: »Unglaublich, nicht wahr?«

Der junge Mann nickte. »Ja. Ich denke schon.«

»Dann sagte der alte Mann: ›Das ganze Jahr über rennen die Menschen dem Glück nach, denken nur ans Besitzen, ans Kaufen, und lassen sich von anderen bedienen. Aber Weihnachten erinnert uns daran, daß man wahres Glück nur im Geben und Dienen finden kann.‹

Die Worte des alten Mannes brachten mich dazu, gründlich über mein Leben nachzudenken. Ich hatte stets geglaubt, Dinge zu erwerben würde uns glücklich machen – mehr Geld verdienen, einen besseren Job bekommen, ein größeres Haus, einen schnelleren Wagen. Doch wie sich herausstellte, war ich immer noch unglücklich, obwohl ich alles besaß, wovon ich geträumt hatte.

Ich führte ein langes Gespräch mit dem alten Mann. Von ihm hörte ich zum ersten Mal von den Geheimnissen des Glücks. Durch ihn lernte ich wunderbare Menschen kennen, die diese Geheimnisse mit mir teilten. Jedes einzelne Geheimnis bereicherte mein Leben. Aber eines war für mich besonders wichtig: Die Macht des Gebens.

Es ist schon unglaublich, daß das, wonach wir uns am meisten sehnen – Glück – so leicht erhältlich ist. Daß man es bekommt, indem man es verschenkt. Es gehört zu den wunderbarsten Gesetzen der Natur: Je mehr man gibt, desto mehr bekommt man. So, als säe man Samen aus. Für jeden gesäten Samen erhält man Tausende zurück.«

»Aber wie kann man etwas verschenken, das man noch nicht hat?« fragte der junge Mann.

Mr. Tansworth lächelte. »Das ist ja gerade das Schöne daran!« rief er.

»Man bekommt es, indem man es verschenkt. Wenn Sie

Freude schenken, werden Sie augenblicklich Freude erhalten. Es ist wie mit Parfüm.«

»Parfüm?« wiederholte der junge Mann verwirrt.

»Sie können nicht andere damit überschütten, ohne selbst ein paar Tropfen abzubekommen. Lächeln Sie. Wenn Sie jemanden anlächeln, wird er gewiß zurücklächeln. Wissen Sie, das Glück gleicht einem Bumerang – je mehr Sie weggeben, desto mehr kommt zu Ihnen zurück.«

Sie können sich bestimmt noch daran erinnern, wie Sie einmal ohne besonderen Grund etwas für einen anderen Menschen getan haben, Kleinigkeiten, jemandem, der sich verirrt hatte, den richtigen Weg gezeigt, einem Blinden über die Straße geholfen, einem Freund zum Geburtstag gratuliert oder jemandem ein ernstgemeintes Kompliment gemacht, ihm Ihre Wertschätzung gezeigt und ihm gedankt haben.«

Der junge Mann nickte. »Ja. Natürlich.«

»Vermittelte Ihnen das nicht ein gutes Gefühl? Nicht nur, weil der andere für Ihre Hilfe dankt, sonder auch, weil es einfach ein gutes Gefühl ist, etwas für einen anderen Menschen zu tun, ihm zu helfen?«

Der junge Mann erinnerte sich an einen Vorfall, der erst wenige Jahre zurücklag. Eine Ausländerin hatte ihn angesprochen. Sie hatte sich verirrt und wollte von ihm den Weg wissen. Die Straße, die sie suchte, lag drei Kilometer entfernt. Es war mitten im Winter. Es schneite, und die Frau fror. Bei diesem schrecklichen Wetter würde sie das Haus niemals finden. Also hatte er sie zur gewünschten Adresse gefahren. Jetzt, in der Rückschau, fiel ihm wieder ein, wie gut er sich damals gefühlt hatte.

»Wissen Sie, die Menschen sind nicht von Natur aus egoistisch. Wir tun weit mehr für andere als für uns selbst. Die meisten Eltern zum Beispiel werden ihren eigenen Komfort bereitwillig dem Wohle ihrer Kinder opfern.

Nach der Unterhaltung mit dem alten Chinesen spazierte ich durch das Einkaufszentrum. Dabei kam ich an einem Chor der Heilsarmee vorbei, der Weihnachtslieder sang. Sie hatten ein Schild dabei, auf dem stand: ›Helft den Obdachlosen an diesem Weihnachtsfest.‹ Ohne viel darüber nachzudenken, brachte ich die Rolex ins Geschäft zurück und gab den Scheck über fünftausend Dollar der Frau, die für die Heilsarmee sammelte.

Ich werde niemals ihren erstaunten und dankbaren Blick vergessen. Sie zeigte den Scheck mit Tränen in den Augen ihren Mitstreitern. ›Damit können wir viel bewirken‹, sagte sie. ›Danke. Gott segne Sie.‹ Damals begann ich zum ersten Mal zu verstehen, was der alte Mann gemeint hatte. Es war mir eine viel größere Freude ihr den Scheck zu schenken, als wenn ich die Uhr ein Leben lang getragen hätte. So wußte ich, daß ich etwas bewirken konnte, so wenig das auch sein mochte.

Vor Jahren las ich einmal in einem Buch, wie ein Vater seinen kleinen Sohn den Wert des Gebens lehrte. Der Kleine feierte seinen sechsten Geburtstag, und seine Großmutter hatte ihm eine Menge leuchtend bunter Heliumballons geschenkt. Nach der Geburtstagsfeier sagte der Vater zu seinem Sohn, er habe eine Idee, wie er mit den Ballons noch mehr Spaß haben könne. Er brauche nur ein paar davon zu verschenken! Nun, natürlich war der Kleine nicht sehr begeistert von dem Vorschlag. Aber der Vater versicherte ihm, daß er seinen Spaß haben werde. Widerstrebend erklärte sich der Junge einverstanden.

Sie gingen in ein Altenheim. Der kleine Junge spazierte mit seinen zwanzig Ballons in den Aufenthaltsraum und gab jedem der dort Anwesenden einen Ballon. Plötzlich lachten die Menschen und unterhielten sich angeregt. Eine alte Dame, die seit drei Jahren keinen Besuch mehr bekommen hatte, war so gerührt, daß ihr die Tränen kamen. Es war, als hätte der kleine Junge den Lichtschalter betätigt und den Raum hell erleuchtet. Die alten Herrschaften sagten ihm, was für ein wunderbarer Junge er sei, an sie zu denken. Und bald schon war der Raum von fröhlichem Gelächter erfüllt, und jeder wollte den Kleinen umarmen. Der Junge genoß jede einzelne

Minute so sehr, daß er seinen Vater auf dem Nachhauseweg fragte, wann sie wieder dort hingehen und Ballons verschenken würden. Diese Lektion sollte der Kleine niemals vergessen. Von diesem Tag an achtete er stets auf Gelegenheiten, bei denen er anderen etwas geben konnte.«

»Was für eine schöne Geschichte«, sagte der junge Mann.

»Ich kenne noch eine, die mich sehr berührte«, sagte Mr. Tansworth. »Vor ein paar Jahren lernte ich einen Mann namens Paul kennen, der mir erklärte, er habe die Kraft des Gebens bereits als Collegestudent kennengelernt. Paul hatte von seinem älteren Bruder einen brandneuen Wagen zum achtzehnten Geburtstag geschenkt bekommen. Er fuhr damit zum College, um ihn den anderen vorzuführen. Ein Schüler umkreiste den neuen Wagen voller Bewunderung. ›Na, wie gefällt er dir?‹ fragte Paul. ›Er ist phantastisch‹, erwiderte der andere, ›einfach phantastisch!‹ Als Paul sagte, daß der Wagen ein Geburtstagsgeschenk von seinem Bruder sei, fragte der Junior erstaunt: ›Dein Bruder hat ihn dir geschenkt? Wow. Ich wünschte …‹ Paul dachte, er wüßte, was jetzt käme: ›Ich wünschte, ich hätte auch so einen Bruder.‹ Aber der Junior sagte etwas völlig anderes. Paul sollte seine Worte nie vergessen. ›Ich wünschte, ich könnte auch so ein Bruder sein!‹ Paul war so angetan von den Worten des Jungen, daß er ihm anbot, ihn in der Mittagspause auf eine kleine Spritztour mitzunehmen. Der Junior konnte seine Begeisterung nicht verbergen und fragte, ob sie vor dem Haus anhalten könnten, in dem er wohnte. Paul lächelte. Er glaubte zu wissen, was der Junge wollte: Er wollte seinen Freunden und Nachbarn zeigen, daß er in einem brandneuen Wagen herumgefahren wurde.

Zehn Minuten später hielten sie vor dem angegebenen Haus. Der Junior lief hinein. Kurz darauf erschien er wieder und schob einen kleinen Jungen in einem Rollstuhl durch die Tür. Der Kleine sah den Wagen, riß die Augen auf und rief: ›Wow!‹ Da sagte der Schüler etwas, das Paul die Tränen in die Augen trieb. ›Eines Tages, Sam, werde ich dir auch so einen Wagen kaufen.‹ Als Paul das hörte, fragte er: ›Sag mal, Sam, würdest du auch gern mit mir fahren?‹ Dann hob er den kleinen, behinderten Jungen in den Wagen und machte mit den beiden Brüdern eine Fahrt. An jenem Tag war der stolze Besitzer des neuen Wagens sehr demütig. Zum ersten Mal in seinem Leben verstand er die Worte: ›Geben ist seliger denn nehmen.‹

»Sie sehen«, erklärte Mr. Tansworth, »anderen eine Freude zu machen lenkt nicht nur von eigenen Sorgen ab. Um Glück und Freude zu erfahren, brauchen Sie beides nur anderen zu schenken. Das ist für mich das wichtigste Geheimnis des Glücks.

Daher halte ich immer nach Gelegenheiten Ausschau, bei denen ich helfen kann. Nicht nur mit Geld, sondern auch mit meiner Zeit. Und deshalb bringe ich auch behinderten Kindern das Schwimmen bei. Es freut mich, daß ich etwas für sie tun kann. Ich glaube nicht, daß es ein größeres Glück gibt, als anderen Menschen helfen oder ihnen Freude schenken zu können.«

Auf dem Nachhauseweg dachte der junge Mann über Mr. Tansworth Worte und ihren Bezug zu seinem Leben nach. In den letzten Jahren war er derart in seine Probleme verstrickt gewesen, daß ihn die Sorgen der anderen nicht interessiert hatten. Es war ihm nie in den Sinn gekommen, daß er, indem er sich über andere Menschen Gedanken machte und sich die Zeit nahm, ihnen zu helfen, besonders denen, die ihm sehr nahestanden, daß er dadurch sich selbst helfen würde.

Zu Hause angekommen, faßte der junge Mann die während der Unterhaltung mit Mr. Tansworth gemachten Notizen zusammen.

Das achte Geheimnis des Glücks –
Die Kraft des Gebens

Glück findet man nicht im Besitz, nicht im Nehmen, sondern im Geben sowie in der Hilfe, die man anderen leistet.

Je mehr Freude und Glück wir verschenken, desto mehr erhalten wir.

Ich kann täglich Glück hervorbringen, indem ich Gelegenheiten suche und wahrnehme, anderen eine Freude zu bereiten.

Das neunte Geheimnis
DIE KRAFT DER BEZIEHUNGEN

ZWEI TAGE SPÄTER traf der junge Mann sich mit Ed Hansen, dessen Name als nächster auf der Liste stand, in einem kleinen Café im Stadtzentrum. Ed Hansen lebte allein in einem kleinen Apartment im Ostteil der Stadt. Er hatte nicht immer allein gelebt, sondern früher mit Frau und zwei Kindern in einem riesigen Einfamilienhaus gewohnt. Aber das war lange her, das war damals gewesen, bevor er zu trinken begonnen hatte.

»Ich will mich nicht beklagen«, erklärte Mr. Hansen dem jungen Mann. »Es war ein einziges Durcheinander. Ich allein bin dafür verantwortlich. Und ich bin dankbar dafür, daß ich eine zweite Chance bekommen habe. Ich bin jetzt seit zehn Jahren trocken.«

»Wann und wie fing alles an?« fragte der junge Mann.

»Es begann vor vielen, vielen Jahren. Der Streß, der Druck bei der Arbeit, Sorgen, Ängste – Sie wissen ja, wie das ist. Eines Abends ging ich nach der Arbeit mit ein paar Kollegen in eine Bar. Ich trank nur ein paar Gläser Wein, um zu entspannen, abzuschalten. Es funktionierte. Am folgenden Abend ging ich wieder dorthin. Es dauerte nicht lange, da trank ich jeden Tag nach der Arbeit eine Flasche Wein, aus der schon bald zwei oder drei Flaschen werden sollten. Ein paar Monate später trank ich auch tagsüber. Wie Sie sich vorstellen können, geriet mein Leben aus den Fugen: Ich arbeitete schlechter, man warf mich hinaus, meine Frau nahm die Kinder und verließ mich. Ich konnte die Rechnungen nicht mehr bezahlen. Schließlich warf mich der Vermieter aus dem Haus. An den Rest kann ich mich nur noch verschwommen erinnern. Ich endete auf der Straße, als Bettler.«

Der junge Mann war entsetzt über Mr. Hansens Geschichte. Er hatte noch nie einen Obdachlosen kennengelernt und Menschen, die auf der Straße lebten, immer für Ausgestoßene und Eigenbrötler gehalten, für Menschen, die anders als alle anderen waren. Aber Mr. Hansen schien völlig normal zu sein. Der junge Mann wurde kleinlaut, als ihm bewußt wurde, daß jeder, der sehr unglücklich war oder mit seinen Sorgen und dem Alltagsstreß nicht zurechtkam, sich leicht in der gleichen Lage wiederfinden konnte. Welch eine Gnade Gottes, daß ich nicht auch auf der Straße liege, dachte der junge Mann, während er an seinem Kaffee nippte.

151

»Und wie schafften Sie es, Ihr Leben zu ändern?« fragte er.

»Es war nicht einfach. Mir wurde geholfen. Damals hätte ich nie zugegeben, daß ich Hilfe brauchte, obwohl ich sie bitter nötig hatte. Ich fühlte mich gefangen, vollkommen machtlos. Ich kann mich noch an eine Winternacht erinnern: Mir war kalt, ich fror, aber nicht einmal der Schnaps konnte den Schmerz betäuben. Ich dachte, ich müßte sterben. Ich hatte seit drei Tagen nichts gegessen und lag zusammengerollt und zitternd in einem Pappkarton. Ich konnte nur noch für ein rasches und schmerzloses Ende beten.

Das nächste, an das ich mich erinnern kann, war dieser Mann, der plötzlich vor mir stand. Es war zu dunkel, um ihn deutlich zu sehen, aber er besaß eine sanfte, freundliche Stimme. Er sagte: ›Komm mit, Ed. Zeit zu gehen‹, und hielt mir die Hand hin. Ich dachte, ich sei möglicherweise schon tot, denn sobald er mich berührte, verschwanden die Schmerzen. Er führte mich die Straße hinunter. Nach wenigen Minuten blieben wir vor einem großen Haus stehen. Ich drehte mich zu meinem Begleiter um. Es war ein alter Chinese. Er gab mir ein Blatt Papier und sagte: ›Das wär's, Ed. Hier beginnt dein neues Leben. Mach's gut.‹ Ich schaute auf das Blatt Papier, das er mir gegeben hatte. Und als ich wieder aufblickte, war er verschwunden.«

Der junge Mann hatte bereits geahnt, wer Eds mysteriöser

Retter war. Trotzdem spürte er, wie sich ein Kloß in seinem Hals bildete. Sein Blick wurde glasig.

»In einem Raum des Gebäudes fand ein Gruppentreffen statt«, fuhr Mr. Hansen fort. »Ein Treffen der Anonymen Alkoholiker. Aber es war warm und duftete wunderbar nach Kaffee, also blieb ich. Ich warf noch einen Blick auf das Blatt Papier. Es ...«

»... standen zehn Namen darauf?« unterbrach ihn der junge Mann.

»Ja«, erwiderte Mr. Hansen lächelnd, »doch das verblüffende war, daß der letzte Name auf der Liste mit dem Namen auf der Wandtafel identisch war. Es war der Name des Sprechers ... Mr. John Mapland.

Nach dem Meeting ging ich zu Mr. Mapland und zeigte ihm die Liste. Er legte den Arm um mich und sagte: ›Keine Sorge, Ed, wir sind alle deine Freunde. Falls du Hilfe brauchst, hier bekommst du sie.‹ An jenem Abend begann für mich ein neues Leben, wie es der alte Chinese versprochen hatte. Trotz meines schmuddeligen Äußeren behandelten mich alle sehr freundlich. Zum ersten Mal in meinem Leben waren Menschen bereit, mir zuzuhören, ohne mich zu kritisieren oder zu verurteilen.

Ich ging regelmäßig zu den Treffen der Anonymen Alkoholiker. Und mit der Zeit, mit Hilfe meiner festen Vorsätze und der Gnade Gottes erlangte ich meine Nüchternheit wieder. Während dieser Zeit nahm ich Kontakt zu den anderen auf der Liste des alten Chinesen aufgeführten Menschen auf. Sie inspirierten mich und zeigten mir, wie man dank der zehn Geheimnisse des Glücks ein neues Leben beginnen kann. Alle Geheimnisse halfen mir auf die eine oder andere Art und bereicherten mein Leben. Doch ein ganz bestimmtes war es, das mir an jenem Abend das Leben gerettet hatte ... die Macht der Beziehungen.«

»Beziehungen? Was meinen Sie mit Beziehungen?« fragte der junge Mann.

»Bedingungslose, liebevolle Beziehungen. Ohne Beziehungen ist das Leben leer. Schließlich soll das Leben ein Fest sein, und eine Party ganz für sich allein ist nicht gerade amüsant, oder?

Der Mensch ist ein soziales Wesen. Wir brauchen den Kontakt zu anderen Menschen, das Gespräch mit ihnen, wir brauchen das Gefühl, gewollt zu sein, gebraucht zu werden. Wir brauchen einander. Es steht schon in der Bibel: ›Es ist nicht gut, daß der Mensch allein sei.‹

In der Rückschau«, fuhr Mr. Hansen fort, »erkenne ich, wie sehr ich in meinen Anstrengungen, Karriere zu machen, meine Freunde und meine Familie vernachlässigt hatte. Vielleicht war das einer der Gründe dafür gewesen, daß ich zu trinken begonnen hatte. Ich weiß nicht viel, aber das eine weiß ich: Ich wäre ohne die Liebe und Hilfe eines Raumes voller fremder Menschen niemals mit meinen Problemen fertig geworden. Fremde, die wußten, was ich durchgemacht hatte, die mich so akzeptierten, wie ich war, und mir ihre Hilfe anboten, ohne etwas dafür zu fordern. Es gibt Zeiten, da findet man sich in einem Loch wieder, so tief, daß man allein nicht herausklettern kann. In solchen Zeiten braucht an jemanden, der einen herauszieht.«

Mr. Hansen verstummte. Nach einer kurzen Pause fuhr er fort: »Wenn Sie mich fragten, welche Lektionen ich im Leben gelernt habe, würde ich antworten: ›Besonders wichtig war für mich folgende Lehre: So wie unser Leben sind unsere Beziehungen.‹«

»Wieso?« fragte der junge Mann.

»Nun, Glück entspringt erstens unserer Beziehung zu uns selbst und zweitens unseren Beziehungen zu jenen, denen wir in Freundschaft und Liebe verbunden sind. Denn wieviel Freude hätte man, wenn man alles allein machen müßte?«

»Stimmt«, sagte der junge Mann. »Letztes Jahr machte ich allein Urlaub auf den Seychellen. Alles war wunderbar, aber etwas fehlte. Es wäre schöner gewesen, dieses Erlebnis mit jemandem teilen zu können.«

»Genau«, sagte Mr. Hansen. »Jemanden bei sich zu haben, an

155

dem einen liegt, macht schöne Erlebnisse noch schöner – und schwere Zeiten leichter. Ist Ihnen schon einmal aufgefallen, daß man sich sofort besser fühlt, wenn man mit einem anderen Menschen über seine Probleme gesprochen hat? Nun, vielleicht bekommt man keinen Rat oder fühlbare Hilfe, aber nach einem solchen Gespräch scheint das Problem nicht mehr so schlimm zu sein, nicht wahr?«

Der junge Mann nickte. Wie oft schon hatte er mit einem Freund über seine Probleme gesprochen und sich danach besser gefühlt!

»Aber ist Ihnen auch aufgefallen«, fuhr Mr. Hansen fort, »daß wir dazu neigen, ängstlich, besorgt, bedrückt oder unglücklich zu werden, wenn wir unsere Gedanken für uns behalten? Wenn wir nicht über unsere Probleme sprechen, blähen sie sich oft unangemessen auf. Sie scheinen zunehmend schlimmer zu werden, bis wir schließlich das Gefühl haben, von ihnen erdrückt zu werden. Die Redensart ›Zwei Köpfe sind besser als einer‹ trifft es genau. Mit zwei Köpfen hat man zur Lösung eines Problems nicht nur doppelt soviel Verstand zur Verfügung – es wird einem auch ein Teil der Last abgenommen, wenn man Probleme, Sorgen und Ängste mit jemandem teilt.

Beziehungen bereichern unser Leben. Wenn Sie Freude mit anderen teilen, multiplizieren Sie sie, aber wenn Sie ein Problem mit jemandem teilen, halbieren Sie es. Der englische Dichter Lord Byron drückte es so aus:

›Alle, die Freude erlangen,
müssen sie teilen – denn Glück ist ein Zwilling.‹«

Das hörte sich für den jungen Mann, der seine Probleme stets für sich behalten hatte, vernünftig an. Er hatte zwar gute Freunde, sprach aber nur selten mit ihnen über seine Sorgen. Offen gesagt war es ihm immer schwergefallen, Freundschaften zu schließen.

»Das ist ja alles gut und schön«, sagte er, »und ich verstehe, was Sie damit sagen wollen. Aber manche Menschen finden es schwierig, Beziehungen zu pflegen.«

»Wenn Sie es schwierig finden, Beziehungen zu pflegen, werden Sie auch das Leben schwierig finden«, sagte Mr. Hansen.

»Ja«, erwiderte der junge Mann. »Sehen Sie, ich bin stets ein Einzelgänger gewesen. Es ist mir nie leichtgefallen, Freundschaften zu schließen oder dauerhafte Beziehungen zu pflegen.«

»Haben Sie jemals die Redensart gehört ›Die Vergangenheit ist nicht die Zukunft‹?«

»Nein.«

»Nun, das heißt, nur weil gestern etwas geschah, muß das

nicht zwangsläufig auch morgen geschehen. Wenn Sie in der Vergangenheit Probleme mit Beziehungen hatten, heißt das noch lange nicht, daß Sie auch in Zukunft Probleme damit haben werden. Es könnte einfach heißen, daß Sie es in der Vergangenheit falsch angefangen haben.«

»Was wollen Sie damit sagen?« fragte der junge Mann.

»Nun, weshalb mögen Sie einen anderen Menschen?«

»Ich weiß nicht. Manchmal macht es *klick,* wenn ich jemanden sehe, manchmal nicht.«

»Gut. Gehen wir die Sache einmal anders an: Fühlen Sie sich wohler bei jemanden, der Ihnen in die Augen schaut, oder bei jemanden, der jeden Blickkontakt vermeidet?«

»Bei jemanden, der mir in die Augen schaut.«

»Gut. Ist Ihnen ein fester Händedruck lieber, oder einer, bei dem Sie das Gefühl haben, einem feuchten Tintenfisch die Hand zu geben?«

»Ein fester Händedruck.«

»Gewiß. Und ziehen Sie jemanden vor, der nur von sich selbst spricht, oder jemanden, der auch an Ihnen interessiert ist?«

»Jemanden, der auch an mir interessiert ist«, sagte der junge Mann. »Aber das liegt doch alles auf der Hand.«

»Stimmt«, erklärte Mr. Hansen, »es ist offensichtlich. Aber sind Ihnen diese Dinge bewußt, wenn Sie anderen Menschen begegnen? Sie würden überrascht sein, wenn Sie wüßten, wie viele Menschen es nicht tun, Menschen, die sich dann wundern, daß sie Schwierigkeiten haben, Beziehungen zu pflegen.«

Der junge Mann blickte kurz zur Seite.

»Sie haben recht. Ehrlich gesagt, darüber habe ich noch nicht nachgedacht.«

»Wenn wir unsere Freunde behalten wollen, müssen wir lernen, sie so zu nehmen, wie sie sind. Wir müssen lernen zu übersehen, was wir als ihre Fehler betrachten und uns statt dessen auf ihre positiven und bewundernswerten Eigenschaften konzentrieren. Wir müssen bereit sein, ihnen ihre Fehler nachzusehen, wenn wir möchten, daß sie uns unsere Fehler vergeben.«

»Ich weiß«, sagte der junge Mann. »Ich hatte letzte Woche ein längeres Gespräch über die Macht des Vergebens.«

»Vergeben ist sehr wichtig, wenn man glücklich sein will«, sagte Mr. Hansen. »Ohne Vergebung würden wir einsam und verbittert enden. Wenn wir unsere Beziehungen achten, behandeln wir Menschen automatisch anders. Und Menschen, die wir gut behandeln, neigen dazu, ihrerseits uns gut zu behandeln.«

»Trotzdem sind Beziehungen nicht immer einfach zu pflegen, oder?« wandte der junge Mann ein. »In jeder Beziehung gibt es Probleme und Meinungsverschiedenheiten.«

»Natürlich. Aber ich habe eine einfache Methode gefunden, die mir in all meinen Beziehungen hilft.«

»Und die wäre?« fragte der junge Mann.

»Ich behandle jeden, den ich treffe, so, als würde ich ihn niemals wiedersehen. Können Sie sich vorstellen, wie sehr sich die Beziehung zu Ihren Freunden, Ihren Kollegen, zu ihrer Familie, ja selbst zu Fremden ändern würde, wenn Sie jeden so behandelten, als sähen Sie ihn das letzte Mal?«

Der junge Mann schüttelte verwirrt den Kopf. »Ich verstehe Sie nicht.«

»Wie würden Sie sich Ihrer Frau oder Freundin gegenüber verhalten, wenn Sie glaubten, Sie niemals wiederzusehen? Würden Sie sich ohne einen Kuß oder eine Umarmung von ihr verabschieden?«

»Nein.«

»Würden Sie sich mitten in einer Auseinandersetzung von ihr verabschieden?«

»Nein.«

»Würden Sie sie gehen lassen, ohne ihr zu sagen, wieviel sie Ihnen bedeutet?«

»Nein.«

»Und was ist mit Ihren Kollegen, Freunden, Ihrer Familie? Würden Sie nicht, wenn Sie der Meinung wären, sie niemals wiederzusehen, versuchen, die Zeit mit ihnen so schön wie möglich zu gestalten? Würden Sie nicht alles tun, um zu vermeiden, daß Sie im Unfrieden voneinander scheiden?«

Der junge Mann nickte.

Mr. Hansens Worte hatten eine Saite tief in seinem Inneren angeschlagen. Er dachte daran, wie er seine Mutter das letzte Mal lebend gesehen hatte. Sie war an einem heißen Sommertag zu einer Urlaubsreise ins Ausland aufgebrochen. Er war in Eile gewesen, weil er sich mit Freunden zu einem Tennisspiel verabredet hatte, und gab seiner Mutter zum Abschied nur rasch einen Kuß auf die Wange. Er wußte nicht, daß sie nie zurückkehren sollte, daß es ein Abschied für immer war. Er hatte seitdem oft darüber nachgegrübelt. Diesen Augenblick seines Lebens bedauerte er mehr als andere und würde ihn für den Rest seines Lebens bedauern. Aber jetzt wußte er, wie er verhindern konnte, den gleichen Fehler bei anderen Menschen zu machen, die ihm lieb und teuer waren. Es war ganz einfach. Er würde sie, wie Mr. Hansen vorgeschlagen hatte, so behandeln, als sähe er sie zum letzten Mal.

»Viele Menschen«, fuhr Mr. Hansen fort, »haben einfach keine Achtung vor ihren Beziehungen. Ich hatte meine Karriere über meine Familie gestellt und beides verloren. Andere ziehen Geld und Besitz ihren Beziehungen vor. Sie glauben nicht, wie viele Brüder, Schwestern, Eltern und Kinder bereit sind, sich wegen Geld zu entzweien. Sie opfern ihre engsten Beziehungen, und damit, ohne es zu wissen, ihr Glück.«

Am Abend faßte der junge Mann seine Gesprächsnotizen zusammen.

DAS NEUNTE GEHEIMNIS DES GLÜCKS – DIE KRAFT DER BEZIEHUNGEN

Wie mein Leben sind auch meine Beziehungen.
Niemand ist eine Insel. Wir alle brauchen Beziehungen.
Feste Beziehungen machen gute Zeiten besser und schwere Zeiten leichter. Geteilte Freude ist doppelte Freude, geteilte Schwierigkeiten sind halbe Schwierigkeiten.
Behandle jeden, den du triffst, so, als würdest du ihn niemals wiedersehen.

Das zehnte Geheimnis
DIE KRAFT DES GLAUBENS

ERST IN DER darauffolgenden Woche konnte der junge Mann sich mit dem Menschen treffen, dessen Name als letzter auf der Liste stand. In der Zwischenzeit hatte er Gelegenheit, einiges von dem, was er gehört hatte, zu überprüfen und anzuwenden. Er räumte dem Glück absolute Priorität ein, und versuchte, in jeder schwierigen Situation die positive Seite zu sehen. Er begann, die Macht seines Körpers zu nutzen, trainierte regelmäßig und achtete auf seine Ernährung.

Das Geheimnis des Lebens im Augenblick erwies sich für ihn als besonders nützlich. Ihm fiel auf, daß cr mchr schaffte und erfolgreicher war, und ihn dabei weniger Streß und Sorgen plagten. Selbst seinem Vorgesetzten fiel die Veränderung auf, und er lobte ihn für seinen Einsatz. Der junge Mann wiederholte täglich positive Affirmationen, um sein Selbstbild zu verbessern. Und er stellte fest, daß er begieriger darauf war, sich den Herausforderungen des Tages zu stellen, wenn er sich jeden Morgen fünf wirksame Fragen stellte.

Er wandte die Schaukelstuhl-Methode an, setzte sich langfristige und kurzfristige Ziele, schrieb sie auf ein Blatt Papier und las sie dreimal täglich durch, um sie sich einzuprägen. Er stellte fest, daß er tatkräftiger und eifriger war, wenn er bestimmte Ziele vor Augen hatte, etwas, worauf er sich freuen konnte.

Der junge Mann nahm sich jetzt nicht mehr so ernst wie früher, und richtete seinen Blick besonders in angespannten Situationen bewußt auf die komische Seite der Sache.

Gleichzeitig achtete er darauf, daß er jeden, den er traf, so behandelte, als würde er ihn nie wiedersehen. Er merkte, daß er rücksichtsvoller wurde, und andere auch. Er ließ keine Gelegenheit aus, ihm nahestehenden Menschen – Freunden, der Familie, Arbeitskollegen – zu sagen, wie er sie schätzte.

Der junge Mann merkte, wie sein Leben sich veränderte, wenn er anderen half und bereit war zu geben. Er bekam das Glück, das er verschenkte, stets wieder zurück. Und er stellte fest, daß es ein gutes Gefühl war, ein Lächeln auf das Gesicht eines anderen Menschen zu zaubern. Es erfüllte ihn mit Freude, etwas für einen anderen tun zu können.

Er machte es sich zur Regel, am Ende eines Tages zu versuchen, jedem zu verzeihen, der ihn tagsüber geärgert hatte. Auf diese Weise schlief er niemals wütend oder verbittert ein.

Ja, es bestand kein Zweifel daran, daß er tatkräftiger, begeisterungsfähiger und glücklicher war als früher, daß die zehn Geheimnisse des Glücks tatsächlich wirkten!

»Was könnte mir die letzte Person auf der Liste noch erzählen, was ich nicht schon wüßte?« fragte er sich.

Miss June Henderson lebte in einem kleinen Apartment in einem nur wenige Kilometer im Norden der Stadt gelegenen Vorort. Sie war eine hübsche Frau Anfang Vierzig, sehr zierlich, mit schulterlangen, kastanienbraunen Haaren und großen, grünen Augen.

»Sie haben also den alten Chinesen getroffen?« fragte Miss Henderson den jungen Mann.

»Ja. Er tauchte vor ein paar Wochen auf, als mein Wagen den Geist aufgab.«

»Ist es nicht phantastisch, daß immer, wenn wir es am wenigsten erwarten, etwas Wunderbares geschieht?« fragte Miss Henderson.

»Vermutlich«, antwortete der junge Mann.

»Man nennt es das Prinzip der elften Stunde. Haben Sie schon einmal davon gehört?«

»Nein«, sagte der junge Mann und schüttelte den Kopf.

»Nun, so wie die Nacht vor der Morgendämmerung oft am dunkelsten und kältesten ist, erfahren wir häufig, wenn alles freudlos und trübe erscheint, eine dramatische Wendung zum Besseren, und etwas Wunderbares geschieht.

Der alte Chinese taucht immer zur elften Stunde auf.«

»Wahrscheinlich«, erwiderte der junge Mann.

»Als ich dem alten Chinesen begegnete, war ich sehr unglücklich«, sagte Miss Henderson.

»Warum?« fragte der junge Mann.

»Meine Mutter war einen Monat zuvor gestorben. Mir ist, als wäre es erst gestern gewesen.«

Der junge Mann schämte sich seiner Frage. »Das tut mir leid«, sagte er.

»Danke, es ist schon gut, wirklich. Ich war damals einundzwanzig Jahre alt und hatte gerade meine letzten Semesterprüfungen hinter mir. Es war ein schrecklicher Schock. Meine Mutter hatte sich, obwohl sie sehr viel rauchte, immer bester Gesundheit erfreut. Aber schließlich forderte der Körper seinen Tribut. Sie starb während des Urlaubs unerwartet an einem Herzanfall.

Eines Tages saß ich allein auf der Veranda von unserer Wohnung und dachte an meine Mutter. Ich weiß nicht, wie lange ich dort gesessen habe, ehe mir bewußt wurde, daß ich nicht allein war. Auf der Veranda der Nachbarwohnung saß ein alter Chinese. Unsere Blicke trafen sich. Er lächelte und sagte: ›Hallo.‹ Wir unterhielten uns. Es war seltsam: Obwohl ich diesen Mann noch nie zuvor gesehen hatte, kam es mir so vor, als würde ich ihn schon seit Jahren kennen.«

Der junge Mann erinnerte sich daran, wie gut er selbst sich gefühlt hatte, als er bei seiner kurzen Begegnung mit dem alten Chinesen mit ihm über vertrauliche Dinge sprach.

»Der alte Mann war so klug und freundlich«, sagte Miss Henderson. »Er schien zu wissen, das etwas nicht stimmte. Seltsamerweise war er es, der die Sprache auf den Tod brachte. Er erklärte, in seinem Land sei der Tod ein Grund zum Feiern, nicht zum Traurigsein.«

»Wie kann der Verlust eines geliebten Menschen ein Grund zum Feiern sein?« fragte der junge Mann verwirrt.

»Genau die gleiche Frage stellte ich ihm auch«, sagte Miss Henderson. »Daraufhin erklärte der alte Mann mir die goldene Regel des Glücks.«

»Die hat er mir auch erklärt«, sagte der junge Mann. »Einstellung und Überzeugungen bestimmen unsere Gefühle, nicht die Umstände.«

»Genau«, sagte Miss Henderson mit einem Lächeln. »Der alte Mann erklärte, in seinem Land glaube man, daß unsere Existenz bereits lange vor der Geburt auf dieser Welt begonnen habe. Unser kurzes Erdenleben sei nur eine Schule, die wir verlassen, sobald wir fertig sind. Wenn jemand stirbt, setzt seine Seele ihre Reise fort. Alle großen Religionen vertreten die Überzeugung, daß der Körper zwar sterben mag, der Geist jedoch weiterlebt, und daß wir – zu einer anderen Zeit, an

einem anderen Ort – die Menschen, die wir lieben, wiedersehen werden. Selbst in der Bibel wird der Tod als ›Schlaf‹ beschrieben, aus dem wir eines Tages erwachen werden.«
Miss Henderson deutete auf eine Plakette, die neben dem jungen Mann an der Wand hing.
»Ich habe die Worte zum ersten Mal auf einem 300 Jahre alten Grabstein gelesen«, sagte sie.

> »›Ein alter Glaube sagt,
> daß an einer einsamen Küste,
> jenseits des Reichs der Trauer,
> gute Freunde sich einst wiedersehen werden.‹

Zu glauben, der Tod sei die letzte und endgültige Trennung, kann recht niederschmetternd sein. Aber wenn man glaubt, daß er nur eine vorübergehende Trennung bedeutet und daß die Seele weiterlebt, ist es nicht ganz so schmerzlich.«
»Aber auch dann, wenn der Tod keine endgültige Trennung bedeutet, so ist doch jede Trennung traurig, oder?« gab der junge Mann zu bedenken.
»Ja, selbst eine vorübergehende Trennung kann traurig sein«, bestätigte Miss Henderson. »Doch in einigen östlichen Religionen freuen sich die Menschen, weil sie glauben, daß die

Seele des Menschen zu ihrem wahren Heim zurückgekehrt ist, auf eine höhere Ebene des Lernens.

Das Gespräch mit dem alten Mann half mir nicht nur, mit meinem Kummer ins reine zu kommen – es regte mich auch dazu an, meine alten Überzeugungen zu überprüfen.«

»Und wie?« fragte der junge Mann.

»Sie werden es vielleicht nicht glauben, aber ich habe mir früher immer schrecklich viele Gedanken gemacht«, sagte sie. »Schon mit zwölf Jahren machte ich mir Gedanken darum, daß ich eines Tages einmal sterben würde! Können Sie sich das vorstellen? Ich machte mir wegen allem Sorgen: wegen Dingen, die ich gesagt oder getan hatte, Dingen, die ich tun sollte, Dingen, die schiefgelaufen waren, und Dingen, die schieflaufen könnten. Und wenn ich nichts hatte, worüber ich mir Sorgen machen konnte, betrachtete ich diesen Zustand als etwas, worüber ich mir Sorgen machen sollte!«

Der junge Mann konnte das gut nachempfinden. Auch er verbrachte die meiste Zeit des Tages damit, sich Sorgen zu machen – um den letzten Abgabetermin bei der Arbeit, um Rechnungen, um seine Gesundheit – es gab immer etwas, das schiefgehen konnte.

»Während ich dort saß und mich mit dem alten Mann unterhielt«, fuhr Miss Henderson fort, »wurde wir bewußt, wie unwichtig die Dinge gewesen waren, über die ich mir Sorgen gemacht hatte. Angesichts des Todes des einzigen Menschen, der mir nahegestanden hatte, wurden alle Rechnungen, Hypotheken, Examensarbeiten und Jobs unwichtig.

Der alte Mann machte mich mit den zehn Geheimnissen des Glücks bekannt. Diese Geheimnisse veränderten mein Leben. Sie waren eine Offenbarung. Ich hatte nie bedacht, daß ich der Baumeister meines Glückes oder Unglücks bin. Ich lernte beispielsweise, wie wichtig meine Einstellungen und meine Überzeugungen sind, ich erfuhr von der Wirkung, die mein Körper auf meine Gefühle hat, und lernte die Macht eines starken Selbstbildes kennen und die Notwendigkeit von Zielen und Humor sowie den Wert jedes einzelnen Tages zu schätzen. Ich erfuhr, wie wichtig es ist, im Augenblick zu leben. Doch es war in erster Linie dieses Geheimnis, das mein Leben veränderte: Die Macht des Glaubens.«

»Des Glaubens?« fragte der junge Mann. »Was hat denn Glauben mit Glück zu tun?«

»Wir alle brauchen ein gewisses Maß an Glauben, um überhaupt leben zu können, und noch viel mehr, um glücklich zu sein«, erwiderte Miss Henderson. »Ich will es Ihnen an einem Beispiel erklären. Fahren Sie Auto?«

»Ja.«

»Woher wissen Sie, daß Ihr Wagen fahrsicher ist?«

»Er wurde erst vor einem Monat überholt.«

»Woher wissen Sie, daß der Automechaniker gute Arbeit geleistet hat?«

»Nun … ich weiß es nicht genau, aber …«

»Also müssen Sie an die Fähigkeiten des Mechanikers glauben. Und wie können Sie sicher sein, daß Sie keinen Unfall verursachen?«

»Ich fahre vorsichtig«, antwortete der junge Mann.

»Also glauben Sie an Ihre Fahrkünste. Das ist gut. Aber Sie könnten an Autofahrer geraten, die nicht so vorsichtig sind, oder?«

»Möglicherweise«, erwiderte der junge Mann. »Aber ich glaube, daß die meisten Fahrer vorsichtig sind.«

»Also vertrauen Sie den anderen Fahrern. Sie sehen also: Um Auto zu fahren, müssen Sie nicht nur an die Fähigkeiten der Menschen glauben, die den Wagen herstellten, sondern auch an die der Automechaniker, der anderen Fahrer und an Ihre eigenen Fähigkeiten. Jetzt können Sie sich ausmalen, wieviel mehr Glauben es braucht, nicht von früh bis spät in Angst und Schrecken zu leben.«

»Ich verstehe, worauf Sie hinauswollen«, sagte der junge Mann.

»Aber wir brauchen vor allem einen Glauben«, fuhr Miss Henderson fort. »Den Glauben an Gott, an eine höhere oder umfassende Macht, wie immer Sie sie auch nennen wollen.«

»Wollen Sie etwa damit sagen, wir müßten an Gott glauben, um glücklich zu sein?« fragte der junge Mann.

»Nun, ich behaupte nicht, daß Sie ohne Glauben an Gott nicht glücklich sein können, sondern nur, daß es schwer ist, dauerhaftes Glück zu erlangen, wenn Sie nicht an Gott glauben. Glauben ist das Fundament des unerschöpflichen Glücks. Lassen Sie es mich an einem Beispiel erklären. Zwei Menschen bauen ein Haus. Der eine baut es auf Fels, der andere auf Sand. Bei gutem Wetter sind beide glücklich. Aber wenn ein Sturm aufkommt, wird der Mann, der sein Haus auf Sand baute, zermalmt werden. Glauben ist der Fels, auf dem dauerhaftes Glück gebaut ist. Mit Glauben läßt sich jedes Unglück überwinden. Glaube schenkt Hoffnung und Mut.

William James schrieb: ›Der Glaube gehört zu jenen Kräften, durch die der Mensch lebt; fehlendes Vertrauen bedeutet den Zusammenbruch.‹ Und Mahatma Gandhi sagte: ›Ohne meinen Glauben wäre ich schon längst verrückt geworden.‹ Ohne den Glauben an eine höhere Macht wäre das Leben eine Last aus Zweifeln, Sorgen, Ängsten und Furcht. Psychologische Untersuchungen haben gezeigt, daß tief gläubige Menschen weniger an Depressionen und streßbedingten Krankheiten leiden und besser mit Verlusten fertig wurden. Ich möchte Ihnen etwas zeigen.«

Miss Henderson nahm ein Buch mit dem Titel *Modern Man in*

Search of a Soul von Dr. Carl Gustav Jung aus dem Regal. »Dr. Jung schreibt folgendes:

›Unter all meinen Patienten, die in der zweiten Lebenshälfte stehen, also über 35 Jahre alt sind, gab es nicht einen, dessen Problem nicht letzten Endes darin bestand, einen Glauben zu finden. Man kann mit Gewißheit sagen, daß jeder von ihnen erkrankte, weil er verloren hatte, was jede lebendige Religion ihren Anhängern schenkt; sie konnten erst als geheilt betrachtet werden, wenn sie ihren Glauben gefunden hatten.‹«

»Ich verstehe, was Sie sagen wollen«, meinte der junge Mann. »Aber ich bin mir nicht sicher, ob ich an einen Gott glaube.« Miss Henderson überlegte kurz, dann sagte sie: »Wenn ich Ihnen erzählte, das Schiff Queen Elizabeth II. sei im Laufe von Millionen von Jahren von selbst entstanden, indem sich Metall-, Holz- und Plastikteile sowie eine Reihe von Chemikalien miteinander verbanden, dann würden Sie mich für verrückt erklären, oder?«
»Ja. Natürlich.«
»Also, weil Sie sehen, daß die QE II erbaut wurde, muß ein Erbauer existieren?«

173

»Ja«, erwiderte der junge Mann.

»Wenn Sie sich den menschlichen Körper näher ansehen, werden Sie feststellen, daß seine Konstruktion weitaus komplexer ist als die der QE II«, erklärte Miss Henderson. »Wußten Sie, daß der Spaceshuttle Columbia aus etwas mehr als fünf Millionen Teilen besteht, das menschliche Auge aber aus einer Milliarde? Forscher können nur darüber staunen, wie der menschliche Körper funktioniert? Und trotz aller technischen Fortschritte wäre ein Computer von der Größe eines Empire State Building nötig, wollte man etwas schaffen, das an Komplexität dem menschlichen Hirn vergleichbar wäre. Überall in der Natur sehen wir unglaubliche Konstruktionen, unglaubliche Genauigkeit.«

»Vorausgesetzt, es gäbe einen Gott«, sagte der noch immer zweifelnde junge Mann, »warum gibt es dann soviel Elend auf der Welt?«

»Sie sagten, vor wenigen Wochen wären Sie noch unglücklich gewesen«, erwiderte Miss Henderson. »Warum waren Sie damals unglücklich und sind es heute nicht?«

»Weil ich die zehn Geheimnisse des Glücks kennengelernt habe«, antwortete der junge Mann.

»Und wenn Sie die Macht haben, Ihr eigenes Glück zu kreieren, wer besitzt dann die Macht, das Glück Ihrer Mitmenschen zu schaffen?«

»Verstehe«, sagte der junge Mann. »Jeder ist für sein eigenes Glück verantwortlich.«

»Genau. Unsere Gedanken und Handlungen sind die Ursache unseres Unglücklichseins, nicht Gott. Die wunderbarste Lehre, die ich aus den zehn Geheimnissen des Glücks zog war die, daß es nur einen Menschen gibt, der einen glücklich oder unglücklich machen kann, und dieser Mensch ist man selbst.«

Der junge Mann nickte. »Ja, ich denke, das stimmt.«

»Letztlich«, erklärte Miss Henderson, »muß jeder für sich seinen Glauben finden. Und ich glaube fest daran, daß Sie die Wahrheit finden werden, wenn Sie danach suchen. Manchmal, wenn wir verwirrt sind und uns verloren vorkommen, geschieht etwas, das unsere Seele anrührt. Ein kleines Wunder, wenn Sie so wollen.«

»Zum Beispiel?« begann der junge Mann.

»Zum Beispiel ein zufälliges Treffen mit einem alten Chinesen!«

Bevor er an diesem Abend zu Bett ging, las der junge Mann die Notizen, die er an diesem Tag gemacht hatte.

DAS ZEHNTE GEHEIMNIS DES GLÜCKS – DIE KRAFT DES GLAUBENS

Glaube ist das Fundament des unerschöpflichen Glücks.

Ohne Glauben gibt es kein dauerhaftes Glück.

Glaube führt zu Vertrauen und Seelenfrieden; Glaube befreit die Seele von Zweifel, Sorge, Angst und Furcht.

Epilog

Er spürte die ersten Regentropfen auf seiner Stirn, als er in seinen Wagen stieg. Augenblicke später brach das Unwetter los. Donner und Blitz, gefolgt von Regenschauern. Dicke Tropfen prallten gegen die Windschutzscheibe.

Der junge Mann dachte an jenen Abend vor mehr als einem Jahr, an dem er den alten Chinesen getroffen, daran, wie elend er sich damals gefühlt hatte. Er lächelte bei dem Gedanken, wie er an jenem stürmischen Abend durch Wind und Regen zu seinem Wagen zurückmarschiert war, nicht wissend, daß ihm ein Treffen mit einem geheimnisvollen Mann bevorstand, mit einem Mann, der sein Leben für immer verändern sollte.

Seit dem Treffen hatte sich das Leben des jungen Mannes völlig gewandelt. Er war tatkräftiger, begeisterungsfähiger und glücklicher als zuvor. Auch anderen war die Veränderung aufgefallen: das Funkeln in seinen Augen, der federnde Gang, sein Lächeln. Er war noch im selben Unternehmen beschäftigt, bewohnte dasselbe Apartment, fuhr denselben Wagen und hatte dieselben Freunde wie früher. Das einzige, was sich geändert hatte, war er selbst.

Er wurde oft gefragt, weshalb er immer so gut gelaunt sei. Bei diesen Gelegenheiten erzählte er gern die Geschichte seines Treffens mit dem alten Chinesen und von den zehn Geheimnissen des Glücks. Es machte ihm Freude, sein Wissen mit anderen zu teilen, denn er wußte, ihr Leben würde sich genauso ändern wie seines. Oft riefen Menschen an, um ihm zu danken und mitzuteilen, wie die Geheimnisse ihnen geholfen hatten. Und mehr als einmal schlug man ihm vor, ein Buch darüber zu schreiben.

Plötzlich hörte er einen lauten Knall. Dampf quoll unter der Kühlerhaube hervor. Der junge Mann fuhr an den Rand der Straße, stieg aus und wanderte zweieinhalb Kilometer an der Landstraße entlang zum nächsten Telefon, um den Pannennotdienst anzurufen.

Auf dem Rückweg lächelte er. Er war ganz aufgeregt, weil er hoffte, bei seiner Ankunft den alten Chinesen vorzufinden, an den Wagen gelehnt, wie vor einem Jahr. Er wollte dem alten Mann danken und ihn wissen lassen, wie sehr die zehn Geheimnisse des Glücks sein Leben verändert hatten. Aber es sollte nicht sein. Der alte Chinese wartete nicht auf ihn.

Der junge Mann wollte gerade die Fahrertür aufschließen, als er einen leuchtendgelben Gegenstand auf dem Boden entdeckte. Er beugte sich vor und hob ihn auf.

»Das gibt es doch gar nicht!« flüsterte er. Er hielt eine gelbe Baseball-Kappe in der Hand!

Während er im Wagen auf den Pannennotdienst wartete, kam ihm eine Idee. Er nahm einen Kugelschreiber, schlug sein Notizbuch auf und schrieb: »Es begann an einem kalten und nassen Oktoberabend ...«

Über den Autor:

Adam J. Jackson ist ein erfolgreicher Heilpraktiker und Autor. Er hat mehrere Bücher veröffentlicht. Jackson lebt mit seiner Frau und seinen beiden Kindern in der Nähe von San Francisco.

In dieser Reihe sind außerdem erschienen:

Elizabeth und Sarah Delany/Amy Hill Hearth
Weisheiten aus hundert Lebensjahren
176 Seiten. ISBN 3-426-60506-6

Michael Drury
Es zählt allein dein Glück
144 Seiten. ISBN 3-426-60438-8

Kuki Gallmann
Die Farbe des Windes
208 Seiten. ISBN 3-426-60552-X

Benoîte und Flora Groult
Liebe und so weiter...
208 Seiten. ISBN 3-426-60581-3

Barbara BJ Hateley/Warren H. Schmidt
Von Pfauen und Pinguinen
128 Seiten. ISBN 3-426-82095-1

In dieser Reihe sind außerdem erschienen:

Lao Tse – Das Tao der Stärke
Neu übersetzt von Peter Thomas Roggenthaler
192 Seiten. 3-426-82092-7

Colleen Q. O'Shea/Crumbum Q. McIntosh
Schnurrende Tyrannen
oder: Wie ich meinen Menschen um die Pfote wickle
128 Seiten. ISBN 3-426-82100-1

Sunzi
Die Kunst des Krieges
160 Seiten. ISBN 3-426-77272-8

Susan Trott
Der heilige Mann vom Berge
192 Seiten. ISBN 3-426-82098-6

Lois Wise
Freundinnen fürs Leben
208 Seiten. ISBN 3-426-60556-2